La jodida intensidad de vivir

Primera edición: marzo, 2018

© Esteban Beltrán Verdes, 2018

© Vaso Roto Ediciones, 2018
ESPAÑA
C/ Alcalá 85, 7º izda.
28009 Madrid
vasoroto@vasoroto.com
www.vasoroto.com

Grabado de cubierta: Víctor Ramírez

ISBN: 978-84-949457-7-9
IBIC: DCF

Esteban Beltrán Verdes

La jodida intensidad de vivir

Vaso Roto / Ediciones

LO EXTRAORDINARIO, OTRA VEZ

Poema único para leer luego

No me desahogo hoy (aunque resulte increíble en esta mi
    historia de poeta de exabruptos),
no frecuento el desagüe ni la guarida ni me asomo al taller de
    reparación de tiempos vencidos,
no escribo para recordarme el olvido imprescindible o planificar
    la venganza más hermosa,
no me leo para escupir ni vomitar ni rehuir el pegajoso olor de
    los abandonados sin remedio,
no me regodeo en la conspiración como alivio, en la emboscada
    más nocturna y devastadora,
no me abro en canal (no llamo ni a urgencias ni al forense ni al
    carnicero de confianza)
no invoco a Dios, no reniego, no me niego ni me ignoro,
no busco *remakes* ni me suicido ante el pelotón de palabras
    brutales y definitivas,
no me mato, no me intoxico, no me pierdo, no me bajoneo ni
    me humillo,
no me rasgo, no me duelo, no me suplico, no me insulto,
    no me dejo ir, no me someto,
no me compadezco hoy, no me animo ni me hundo,
    ni siquiera me pienso más de lo razonable,
no me tengo en cuenta, no me desgasto, no envejezco,
    no me rozo, no me idolatro, no me castigo,
simplemente escribo para recordarme que una vez
(cuando sea de nuevo necesario contar los muertos)
me merecí la esperanza de creer contra toda experiencia.

Testamento de un instante

Un atardecer, Lucía, te descubrirás más última que nunca al salir
     del cementerio o del mar
(todavía no he decidido si enterrarme o hacerme lumbre y
     aventarme después)
inevitablemente más única que un segundo antes de mi última
     boqueada de pez
huérfana de mí, sometida a la soledad sin alivio ni salida que deja
     la muerte.

Y te aviso ya que el dolor de ausencia para siempre no llega de
     pronto y de una vez,
no, no es un tsunami ni un golpe devastador ni ocupará toda tu
     vida en un instante,
será más bien un acto lento de invasión de la conciencia al
     rebuscar entre mis cosas,
o sometida al ocio de los días, o al meterte en la cama,
     o al abrir un libro de Tintín,
y este dolor será todo tuyo y te penetrará para rendirte de volver a
     vivir,
y te querrá cobarde, incapaz de todo futuro, inmóvil ante los
     recuerdos,
arrepentida por haber llegado tarde a mí, y creer,
     contra toda lógica, que tu padre era inmortal.

Y no creo que vaya a morirme ya, no soy un anciano ni un viejo
     prematuro,
no padezco enfermedad incurable alguna y tampoco pensé, con la
     seriedad que se merece, en el suicidio;
tengo cincuenta años y tú eres adolescente,

pero, por primera vez, siento el apremio de contarte algo antes de
    nunca,
antes de *goodbye*, antes de imposible, antes de después,
    y no te escribo porque sí,
o porque me sienta deprimido (de hecho podría decir que soy un
    tipo dichoso)
sino impulsado por el fuerte olor a nada que dejó ayer la muerte
    al acercarse:
no podría asegurar si fue azar, pericia, casualidad o insomnio de
    Dios
pero es indudable que se valió de un piloto de British para
    salvarme la vida
al controlar ese mastodonte un segundo antes de que el tiempo
    fuera irreversible.

Y desde entonces me ronda la idea de guiarte a través de la vida
    que tuve,
para cuando se vaya amortiguando la onda expansiva de mi
    muerte
y el acoso de los recuerdos deje paso a la ternura y a la curiosidad,
y, como yo hice con la vida que no conocí de mi abuelo y de mi
    padre,
te me adentres por mis días con el machete bien afilado de los
    pioneros.

Creo que no descubrirás nada que pueda avergonzarte,
(no me he podrido hasta el punto de no reconocerme)
y estoy casi seguro de que el padre que recuerdas
se parecerá mucho al padre que encuentres,
pero si te escribo hoy con torpeza es para desvelarte
algo intangible que no serás capaz de averiguar
con lo que te quede de mí, y yo ya sea inalcanzable y no exista.

Siempre he sentido pudor de contarte la historia de mis amores
cuando no eran historia y me sobresaltaban en directo la
existencia,
pero tengo tal asombro hoy que, no sé,
me dan ganas de exhibirme.
Ocurrió aquello de amar hace un mes, y te lo relato por si
termina ya,
o por si acaso mañana ella decide no venirse conmigo al resto de
mi vida
o por si en un viaje de éstos a cualquier parte me muero de una
vez.

Y aunque ahora todo te sonará exagerado y solemne,
(y me avergüenzo del tono épico aunque no sea fingido),
un día me gustaría regresar a este testamento prematuro,
y leerlo como si nada, o, al menos, sin dolor, y descubrir
que algo de lo que tengo hoy todavía sigue vivo entre las manos.

El poema más despreciablemente feliz

Éste es el poema más despreciable que haya escrito nunca,
(dudo incluso que vaya a terminarlo)
es casi un insulto, una provocación
sobre una tierra fértil para los escombros
y sobre un tiempo cercado por la seguridad del sin futuro.

Ni siquiera siento la necesidad de escribirlo, ni sale fácil,
(en parte limitado en mis facultades por esta gripe de mierda)
y no contiene la habitual palabrería que utilizo para desahogar
aguas fecales o conjurar el miedo o preparar la ausencia.

Este poema es un ejercicio de exhibicionismo,
        no merece lectores ni análisis,
sólo busca describir las consecuencias evidentes de cinco días de
        antropofagia
(no exagero, el cuello y la espalda guardan restos de la metralla
        más primitiva)
donde nada existió salvo la fijación de comer y descubrir dónde
        volver a morder.

Este poema no consuela, no acompaña, no conmueve,
        no busca cómplices,
y lo sé, la delación de la felicidad es un acto insufrible,
        imperial, intolerable,
aunque, también, constata la posibilidad de la emboscada de lo
        extraordinario,
ese momento, quizá único, que te asalta y te lleva lejos de las
        ruinas de tu vida.

No sé qué pasará cuando llegue inevitablemente la ambición
     (muy humana)
de ir más allá del instante y pretender que *eso que ocurrió* se
     incorpore a tus días;
quizá no sea perfecto, ni como soñabas que fuera,
     a lo peor ni siquiera es posible,
pero una vez que conoces se instala en ti la esperanza,
     y la curiosidad inagotable,
y las manos regresan al juego y tu historia no te enseña y el
     miedo no te somete,
y no huyes ya y deja de ser cómodo el vacío que hace un mes
     cobijaba toda tu vida.

Un casi poema de amor

Me posee un yo tan descomunal que no me recuerdo
    escribiendo sin mí,
y me cuesta (llevo una eternidad de quince minutos sin segundo
    verso)
no intuirme, no rastrearme, abstraído ni siquiera olerme,
y me supero y te describo por placer, sin más, por voyeurismo,
    porque sí,
sin riesgo, sin medida, animal, desatada como una sorpresa,
    desnuda,
piernas largas y manos grandes, cerca pero extrañamente
    inofensiva.

Esto, si me descuido, puede llegar a ser un poema de amor de los
    de antes,
alguno de los que escribí sin haber conocido todavía el miedo o
    el fado,
en aquellos días donde vivir significaba guiarse por un fogonazo
    de luz,
y me avergüenza y me conmueve el regreso de esta insensatez al
    cuadrado,
la capacidad de no temer, no ocultar, no protegerme ni poner
    condiciones,
el desvarío de no pensar en la rendición, ni en el exilio,
    ni en la muerte,
ni en tu asesinato, ni en la legítima defensa, ni en mí colgado de tu
    historia.

(No tengo remedio, me regreso una y otra vez, intentaré seguir,
    lo mereces).

Creo en la ceguera de tus dientes, en la desvergüenza de tu dedo
    índice,
en lo húmedo de tu sexo, en la ternura de tus golpes,
    en el aullido de animal,
pero hoy (no puedo engañarte), a miles de kilómetros del
    hambre y lo feroz,
regresó el miedo más antiguo, el temor como carcoma,
    un horizonte de ausencia,
y quiero pensar que sólo son distracciones de solitario o enredos
    de la distancia,
o más sencillo aún: hay paro de ómnibus en Montevideo y llegas
    tarde a casa.

El recuerdo más insensato

Algunas tardes el recuerdo no llega después de un tiempo
        extraordinario pero vencido,
a veces recordar no es la prueba de que hubo
        compañía, muerte y abandono,
en días iluminados y únicos los detectives de la memoria
        no recogen pruebas,
no reconstruyen el retrato robot del asesino ni tampoco
        buscan motivo ni cómplices,
a veces no hay sangre ni herida ni desaparición ni entierro
        ni cenizas ni velatorio,
casi diría que en instantes así, raros y eufóricos,
        la ausencia no te maltrata ni te humilla.

En contadas ocasiones, como hoy, recordar te instala en
        una sala de espera confortable
situada entre los días irrepetibles que fueron y los días
        únicos que vienen, y crees,
como un vidente, como un fanático, como un jugador de
        lotería, como un suicida converso,
en la posibilidad de una vida milagro en la que no pesan
        los muertos ni toneladas de soledad.

Y sabes, sobreviviente y escéptico por existencia,
        con el estómago tatuado de emociones perdidas,
que esto que hoy vives y te vive debe ser lo que los
        psiquiatras llaman un paréntesis vital afortunado,
un espejismo de las horas, acogedor hasta la inconsciencia
        pero excepcional en el tiempo de vivir
y que acabará desvaneciéndose por miedo, inseguridad
        y miserias antiguas e infranqueables.

Pero nada evidente y racional importa hoy con la casa de
 Madrid todavía en llamas,
descubres que recordar, recordarla, sin temor explícito,
 con la certeza insólita de su regreso,
no te lleva al asesinato premeditado, ni a la venganza ni a la
 práctica samurái de cuchillo y sierra,
sino que se transforma, siquiera por una vez en tu vida,
 en un ejercicio masturbatorio dulce
que salpica los objetos, los minutos y el espacio de los
 fantasmas más hermosos.

LO ORDINARIO, COMO NUNCA

Cuaderno desvergonzado número 1

Estos meses que me han tenido agarrado el pulso por los huevos tienen responsable: Polonia, y hoy, antes de que llegue la escritura de urgencia y de venganza, antes de que los escasos lectores de este libro reconozcan el rencor en sus páginas, antes de entrar en el velatorio de los amores inolvidables, en la llantina por los sueños pulverizados, antes de que uno y cada uno de ustedes –si mantienen entre las tripas un espejo no trucado que les devuelva su vida sin deformaciones nostálgicas– perciba los restos de su propio naufragio –años pervertidos por momentos que creyeron únicos, promesas que desafiaban la ley de la temporalidad–, y, asomado a alguno de estos poemas, arda todavía la rabia, o se apague el ánimo con luz de tristeza de bajo consumo, antes de que se acerque a la única poesía posible, la pesimista, quisiera que conozcan a Polonia cuando aún la euforia de vivir no se ha evaporado y, con altibajos, y con distancia, y a pesar de mi torpeza infinita, y de su comportamiento, más propio de un ejecutor que de una enamorada, avanzamos, que ya es mucho decir, aunque, no sé, con certeza, hacia dónde.

Y hacia dónde fue, de repente, o así lo percibí yo, hacia ninguna parte y este texto que empezó con euforia matizada debe continuar, un día después, camino del exilio forzoso y hacia la frontera de los próximos días, donde aguardan, según recuerdo de mi primera muerte amorosa, horas de angustia y de alivio; como si ser apartado de su vida, tuviera en realidad, al mismo tiempo, castigo y recompensa. Y esta dualidad también se manifestó con claridad en ese hotel montevideano con nombre de todo incluido marbellí –Regency Golf– adonde fui a parar tras mi despedida. A pesar del abatimiento, lógico en el primer día después de todo, esa noche dormí apaciblemente, quizá porque ya no era necesario prepararse para interpretar, en clave de pareja, las arrugas madrugadoras sobre sus ojos, o su silencio impertinente en el desayuno, o los sueños agitados en ese cerebro de aluvión.

Una noche de agosto, nada más conocernos, la bauticé así, Polonia, por el nombre de la playa (según dice ella) más hermosa de Uruguay. En el curso de la velada, y al enseñarme en un *pen drive* las fotos de su archivo personal, por error, y sin que yo no fuera nada más entonces que un visitante agradecido, apareció ante mí, *hippie* y desnuda de espalda y culo, apoyada sobre una puerta de un rancho y con un horizonte de dunas desplegado ante sus ojos, según alcancé a vislumbrar antes de que, entre avergonzada y divertida y morbosa, me retirase de golpe el ordenador de las manos. En ese mismo momento, o un segundo antes, o unos días antes, cuando la conocí en el Mercado del Puerto entre montañas de tripas y chicharrones, ya la amaba y ahora, cuando la amo y la pierdo, me pregunto qué me hizo amarla en un instante. No fue sólo el impacto visual inesperado de parte de su anatomía lo que me acercó a ella, sino esa mirada única, de exhibicionista y tímida, que te come y te niega, una mirada sin aspavientos pero constante, como una invitación no explícita pero clara a dar el siguiente paso en la relación, o así lo interpreté yo.

Entre sus rasgos más llamativos destaca hablar de ella misma como si se explorase sin terminar de conocerse; ella es su historiadora, su intérprete, su forense y su psiquiatra. Y no deja de asombrarme, quizá por mi incapacidad o mi cobardía o mi desprecio o mi descreer del conocimiento propio, la precisión científica al describir sus sentimientos o sus emociones; todos surgen por algo concreto, se desarrollan de forma previsible y tienen un final lógico y, por lo tanto, inevitable. Ese afán por comprender cada gesto, cada sueño, cada intuición, no la hace amarse, deslumbrada por sí misma, al contrario, se detesta más y más cada día, como si conocerse la llevara a la parálisis y al desprecio. Y ser su experta no la hace tampoco más sabia; conoce sus miedos pero no los maneja, sabe qué gritan sus tripas pero no es capaz de acallarlas, y eleva a categoría de dogma y guía de su vida la interpretación de ese ruido permanente que la posee. Yo diría que es capaz de identificar todos sus enemigos interiores aunque no estoy seguro si sabe vencerlos.

Polonia es también una persona de dos vidas diarias: la primera, común a toda la humanidad, va desde el amanecer hasta bien entrada la noche. La segunda transcurre con los ojos cerrados. Sueña con una mezcla de placidez corporal y tumulto en la frente, como si en el cuello un interruptor, cada noche, cerrase el movimiento por un lado y lo desbocara por otro. He llegado a la conclusión de que es la añoranza por su vida nocturna la que hace que, al levantarse, Polonia pueda ser la persona más odiosa del mundo: le cuesta una eternidad empezar a vivir y, cuando lo hace, todo a su alrededor, incluido ella misma, estorba o se vuelve insignificante ante la aventura de soñar e interpretar lo soñado.

De madrugada, sin embargo, resplandece, y justo en el instante anterior al sueño todo se vuelve único, extraordinario. De mañana la he visto con la cara desfigurada por arrugas y ese mismo día, de noche, era otra persona, con la piel morena lisa y tostada por un sol inexistente, como si a la hora natural del cansancio se volviese ligera, casi sin peso vital, un ser libre sin historia de la que arrepentirse, alegre, conmovedora en su inocencia. Es ahí, en ese preciso momento del amanecer o de la noche, donde tantas veces me convencí, alternativamente, del naufragio o de la fortaleza de nuestra relación amorosa.

Esta dualidad, que convierte en apetecible horizonte lo que a muchos adocena la vida –la estabilidad emocional– instala tus días en un carrusel averiado de feria de pueblo que, a ritmo vertiginoso, y sin que tengas nunca a mano la palanca del freno, te lleva en volandas de la certeza a la incertidumbre, de la soledad más cruda a la más deliciosa compañía, del temor a ser abandonado a la seguridad del futuro, y de la imposibilidad de todo roce físico a la voracidad de los caníbales.

Quiero pensar que este vértigo de vivir no era más que una rutina más y que el secreto de amarla y ser amado consistía en tener un buen reloj de cuarzo y lograr identificar el momento exacto de cada mutación y, en ese instante, entrar o salir temporalmente de su vida. No me ha dado tiempo a validar esta teoría: la intuí tarde, he sido expulsado pronto y creo que para siempre, aunque con esta dualidad suya y este fuego todavía no extinguido nunca se sabe...

Aquí la clave para no morirte, amorosamente hablando, era el conocimiento del medio –Polonia– y apartar de mí esta tendencia natural y suicida a reclamar la rendición completa y la entrega absoluta. Descubrí tarde que Polonia es un ser apagado, temporal y discontinuo y estas condiciones de vida contrastaban con mi lenguaje, que se volvió casi mesiánico, y al usar los adverbios de tiempo más definitivos la arrastré, por pura insistencia, hacia las promesas más solemnes y, por tanto, a las palabras más inútiles.

Hoy sé, reconozco, que Polonia se sintió intimidada por este empuje avasallador aunque, a menudo, mi actitud ilusionada, más que convicción, era una línea de defensa, un contrapeso ante el escepticismo y las dudas y confusiones que hacían miedosa a Polonia y la alejaban de mí.

En estos meses la he negado algunas veces, especialmente al amanecer: ha sido insufrible, inaguantable, inamable, y me he arrepentido de seguir y empecinarme en la relación algunas veces más, especialmente cuando me recuperaba de la ceguera. Pero soy yo el único culpable de mi asesinato. La pretendida seguridad de amar a toda costa, casi con masoquismo, y la falta del contrapeso de la duda, contribuyeron a mi muerte y a su asfixia. Fui inhumano en la más humana de las relaciones.

Escribí una vez que Polonia y yo vivimos un amor asimétrico, y es verdad, pero quiero creer que un día éste tuvo aliento y ambición de futuro. Empezó a desvanecerse cuando perdimos la alegría de vivir y ganó espacio entre nosotros el peso de la vida: ella abatida por sí misma, y yo reconvertido en un ser de mínimos que aspiraba a mantenerla a mi lado sólo hasta el día siguiente, sin rastro de la eternidad que un día pretendí. Polonia, con el paso de los meses y la presencia creciente de las dudas, era cada vez más ella, y yo acabé siendo un buscador de fuego entre las cenizas ya apagadas.

El final fue inminente, obvio, incluso para mí, cuando Polonia se convirtió en un ser asexuado. Alguien capaz de los orgasmos más continuados, generosos, explosivos y ensordecedores, de repente adquirió, hacia mí, la condición de bicho bola. Ese momento no podía interpretarse más que de una manera: la certeza del dolor y la derrota. Regresaron los fantasmas de la adolescencia –fui desvirgado entre comentarios jocosos sobre el tamaño de mi tripa– y ella dejó de ser, sencillamente, ella, o quizá comenzó finalmente a ser ella misma, ya lejos.

Este amor fugaz, eterno, hermoso, retorcido, tropical y desértico, se ha desplegado sobre el océano Atlántico, a doce mil kilómetros de distancia uno del otro y a través de la magia gratuita de Skype y los encuentros en Madrid, Montevideo o Buenos Aires. Esta lejanía mutua fue una bendición del destino, aunque parezca contradictorio con lo que se espera de un amor a tumba abierta (nunca mejor dicho) como el que me ocupaba la vida hace exactamente veintidós horas y quince minutos.

Evidentemente, al principio, la distancia fue percibida como una maldición; me veo lloroso sobre los ventanales del aeropuerto de Carrasco el primer día que abandoné Uruguay dejando a Polonia detrás. Y ese llanto infantil, entrecortado, de rabieta, me deformaba los ojos de una manera parecida a la de los boxeadores que veía en la televisión en blanco y negro tras un combate de quince asaltos. Entonces yo percibía la separación como una amenaza pero pronto iba a descubrir sus ventajas indudables: tranquilidad unas horas al día sin el peso o la ansiedad de interpretar los tumultos interiores de Polonia y, además, la distancia me hacía sortear con facilidad su tiempo más desconcertante –el amanecer– para frecuentar –de una tacada ciento treinta y cinco noches seguidas– sus momentos más luminosos. Yo adaptaba mis días a las circunstancias que nos habían tocado en suerte vivir.

Por supuesto, la distancia también me hacía temer a la indiferencia sobrevenida; terminar sin ser siquiera despedido, olvidado sin la mínima bronca, desvanecerse sin molestar y sin ser molestado. Y este miedo a la insignificancia me hacía pelear por mantener vivo este espacio único; abandoné las salidas nocturnas, las cenas laborales, dejé de llevarme trabajo a casa y acostaba temprano a mi hija, todo encaminado a hacer de las tres horas de madrugada un lugar a salvo del ruido del mundo y dónde contarse la vida cotidiana y los avatares del corazón hasta que llegara el futuro compartido.

Termino esta introducción, que mudó a epílogo, de madrugada, cuando nos amábamos. Comienzo a contar los muertos a la única hora común de nuestras vidas. Lo que empezó con euforia de vivir termina con tristeza inevitable. Antes de adentrarme más en lo irracional un último gesto de ternura para mi vida y para no olvidarme: me amó lo suficiente, me recuerdo feliz.

¿Serán estos los minutos de la basura?

Creo que el mar que nos separa se llevará lejos lo que un día
    imaginamos,
y creo también que la distancia hará de nosotros seres míticos
    y deformes,
sin contradicción, cada hora más engrandecidos y cada vez
    más invisibles,
lobos solitarios que comparten sin ansia recuerdos y minutos de
    la basura;
creo que será difícil mantenernos vivos en este rincón virtual
    de la tierra.

Hoy, y es triste decirlo, reniego de mi condición de insensato
    y de creyente
y dejo que me creza dentro el táctico y el estratega,
    el enemigo de mí mismo,
el contable que ordena los miedos por no sucumbir a la
    derrota y el pavor
y adecenta el resultado para instalarse en la nostalgia
    y, con tiempo, en el olvido.

Hoy es la madrugada de la rabia y la espuma en los dientes,
    la hora del pirómano,
éste es el poema del asesino en serie, del jefe de pelotón que
    no hace prisioneros,
éste es el Londres del destripador, la noche de las palabras
    más sucias,
el día del bufido, del desahogo, de la cloaca, del desagüe,
    de la alimaña,
la hora de la intuición del naufragio, diría más,
    de la evidencia de lo irremediable.

27

Y sin embargo, si me aumento sobre los escombros,
    si me abstraigo de la obviedad,
si me pienso con la fuerza de los primeros días,
    si logro no mentirme ni camuflarme,
podría afirmar sin vergüenza que la amo, y que me añoro
    ciego y extraordinario,
y que no me resigno (todavía) a un horizonte claustrofóbico e
    inútil de recuento de cenizas.

Reflexiones de un boxeador sonado

Polonia, éste es un amor difícil de vivir y fácil de matar,
basta con poner en fila las circunstancias y el miedo y el ruido
para entender sin esfuerzo que nos encaminamos
hacia un futuro a la intemperie de nosotros mismos.

Yo, por ejemplo, como parte de la liturgia del fuego cuando no
    consume,
he ido almacenando sobre tus oídos y tu corazón,
    sobre tu vida sin mí,
toda la palabrería ciega del amor, como un exorcismo,
    como agua limpia,
como si la repetición me acercara al absurdo del tiempo sin
    tiempo.

Tú, sin embargo, has sido más prudente, casi muda, casi autista:
posees la ventaja indiscutible de conocer
el fondo de basura que se almacena en tus tripas,
y quizá ese poder, que también es una condena,
te ha dado, desde el principio de nuestros días,
ese plus de escepticismo necesario para no dejarte sorprender
por las sucesivas emboscadas de la intensidad y de la insensatez.

Polonia, me escribo en el momento justo en el que nada es
    irreparable
y, si miro dentro (no existe atrás, todavía), amortigua el nudo
    corredizo del desánimo
la existencia mínima, absurda, delirante, innombrable, proscrita,
    negada,
utópica, castrada, oculta pero visible e intermitente,
    del teleférico sobre el abismo,

la oportunidad insólita de amar y escribir sin la inspiración de la
   despedida,
la posibilidad (para mí todo un reto) de vivir sin terapias de
   escritor
ni juegos de solitario ni viajes introspectivos y estériles por mí
   mismo
en busca del por qué de la frecuente huida de lo extraordinario
   de mi vida.

Polonia, eres un rastro que no olfateaba desde los tiempos de mi
   primera muerte
y por eso, como un niño, como un sitiado, me ato a la esperanza
   del regreso circular.

Aprendiz en esto, soy incapaz de contener o gestionar la marea
   de tus miedos,
sonado, en pie todavía sobre el mar, me abrazo a lo que me
   expulsa para no caer,
como si no supiera que me aferro a un cuerpo donde comienza
   a hacerse sitio el olvido.

La tibia sala de la nostalgia
(inventario sencillo)

Una taza ilustrada con los Beatles convertida en azucarero
    improvisado,
la botella de litro de Coca-Cola casi vacía bebida a morro con
    angustia,
duendes de Levrero colándose por cañerías, grietas y bombillas
    que estallan,
la tercera pierna de Clarice Lispector enredando por mi hora de
    transporte público,
una postal del edificio de Dick Tracy en Montevideo con suicida,
    asesino y cielo gris,
vértigo en enero sobre terraza de Madrid con tu mano ahuyenta
    peligros sobre mi mano,
una servilleta del VIPS con dibujos mata-nostalgia,
    de última hora, contra el tiempo,
restos de tarjetas de embarque, calcetines de avión y una bolsita
    antillanto de Iberia,
ciento treinta y una fotos en un *pen drive* y una bombacha negra
    de hilo dental,
dos pastillas contra la jaqueca, y la toalla que te compré,
    usada pero no sucia,
la frazada de sofá extendida sobre el lugar donde te doblabas
    como una escapista,
la cama que desde entonces tiembla (y no es una metáfora) bajo
    mi único peso,
la evidencia de que padezco furia y apnea y que muero y me
    desordeno cada noche,
tus dedos de masajista, tu lengua brasileira, tu elegancia en los
    movimientos bruscos,

sin presumir y sin mérito tropecientos orgasmos presenciales,
a distancia y de oídas,
y tu voz sobre todas las madrugadas y diecisiete días
bien contados sobre tu vientre.

La engañosamente tibia sala de la esperanza
(inventario semicomplejo)

Esta irritante (para ella) ambición de eternidad contra su
    idolatría de lo instantáneo,
la tendencia a soñar despierto y a ser impulsado por la fuerza de
    los sueños,
una vida todavía no erosionada por el escepticismo ni la
    repetición,
la capacidad de creer a ciegas las promesas aunque sean
    producto de un buen orgasmo,
mi afán por relativizar el poder intimidatorio del ruido y las
    inseguridades interiores,
la negación inconsciente a inventariar lo aprendido en cada
    fracaso,
la manía de recordar lo que nunca ocurrió e imaginar como
    cierto lo improbable,
la protección de una autoestima idealizada y un ego de gigante,
mi experiencia acumulada para gestionar el abandono con
    garantías de olvido,
el poder de engatusar del color verde de mis ojos con lentillas
    (está comprobado),
una caricia en público, un verbo con sujeto en plural,
    una palabra en portugués,
su mano en mis manos, su pelo en mis manos,
    mi cuerpo en sus manos,
el poder de la indecisión y la conmovedora pelea de sus entrañas
    contra el miedo.

Catorce madrugadas

¿Por qué la esperanza es tan constante como la muerte?,
¿Por qué este desánimo que te embosca como un
  francotirador?,
¿Cuándo intuyes si abandonar *esto* te crece o te sepulta?,
¿Cuánto se puede morir hasta convencerte de que eres
  cadáver,
y cuántas mentiras (y de qué tamaño) necesitas para creerte
  vivo?,
¿Hasta dónde fiarte de las tripas infiltradas por el miedo?,
¿Hasta qué profundidad abrirte y exponer todo a sus manos
sin temor a la manipulación de un escultor lunático?,
¿No es la exuberancia de sus miserias una legítima defensa
  contra el dolor?,
¿Qué grado de ensoñación te hace imaginar que habrá un
  más allá
mientras se repiten con crudeza las evidencias del no hay
  más?,
¿Hasta dónde eres capaz de retorcerte sin deformarte
y sobre todo, cuándo dejas de ser para convertirte en
  caricatura?,
¿Hasta qué punto *esto* es utopía, fanatismo o desvarío?

¿Cómo y cuándo conoces si seguir es empeño u oportunidad
  o inercia,
o simple curiosidad, o quizá sexo y sexo o miedo insuperable,
o invención pura y dura, o control de daños, o entomología
  humana?,
¿Cómo no esperar nada si te educaste en la verdad
  incuestionable del intercambio de golpes y recompensas?,

34

¿Cómo y por qué sobrevivir a un amor ferozmente
asimétrico?,
¿Cómo esconderse de alguien cuando crees que ocupa toda tu
vida?

Asesinar la esperanza

Se acabó, sin más, y ahora, lo sé por experiencia,
        se trata de cerrar la esperanza,
silenciarla con ira, ahogarla, que no respire ni un segundo por
        tus huesos,
demoler con convicción de fanático los espacios compartidos en
        estos meses
y aferrarse al hecho de que, pasado un tiempo, nunca más sabrás
        nada más de ella.

Debes creer ahora en la muerte más atea, en el vacío más
        compacto,
en la utopía de acostumbrarte a la ausencia sin el acoso
        de los recuerdos,
me pido ser capaz de encaminar la eternidad que, sin duda, hubo,
hacia lo insignificante y lo indiferente y no sucumbir a la
        hipnosis de la nostalgia.

No es el tiempo de las preguntas retóricas ni del reciclaje
        de la basura,
no conforta el relámpago de los días buenos ni la cantinela
        de lo aprendido,
no hay espacio para reconocimientos ni despedidas
        políticamente correctas,
es día para el insulto, para la bilis y la arcada,
        para el fuego descontrolado.

Nada importa hoy la verdad, sólo es real y poderosa la ambición
        de la ceniza,
como un Dios arrepentido debes apagar la luz sobre los meses
        que fueron,

eres el dueño de la nada, el líder de tus entrañas,
    el domador de tus horas,
no sientas piedad de ti, no esperes que vuelva o no se irá jamás.

La necesidad del monstruo

Me desconcierta explorarte dentro de mí y no encontrar ni rastro
    de ácido;
esa mezcla corrosiva de tristeza, ira y desprecio que
    monstruoseara mi tiempo contigo
hasta hacerlo irreconocible, ajeno, olvido y, con los años, manejable.

Días después de lo que no tiene nombre siguen sin llegar
    los escombros a mi vida,
los recuerdos me sepultan en nostalgia,
    crece como un alien la felicidad que fue,
y la única rabia visible, encendida, pone el foco en tu forma
    indolente de decir adiós.

Me consuela pensar que una vez cese la esperanza llegará la
    casquería,
que el pulso aún no tiene la firmeza necesaria para comenzar el
    desguace,
que esta ternura por nosotros es sólo un espejismo,
    una aparición indeseada,
un espasmo automático y natural después de tantos meses de
    compañía.

Vivo la contradicción de querer ser asesinado y de
    reincorporarme a tu tiempo,
incapaz de desfigurarte en mi memoria espero a que la distancia
    haga su trabajo,
pero quizá tengas que mancharte las manos una vez más y así,
    fuera ya de todo centro,
sin esperanza, convencido de mi condición impuesta de víctima,
pueda comenzar a acumular el rencor necesario
    y hacerte mierda y escapar de ti.

Exhausto

¿Cómo fabricarme rápido un olvido del tamaño de esta
    ausencia?,
¿Hacia dónde vivir para encontrar un espacio sin recuerdos?,
¿Puedo mirarme sin topar con este incendio incombustible del
    estómago?,
¿Cuándo regresas del tiempo prestado y recobras lo que nunca te
    abandonó?,
¿Qué más debería hacer para no tener que hacer nada?

Empieza la vida, soy cadáver.

Cuaderno desvergonzado número 2
Entonces pareciera ser hoy

¿De dónde viene este aparente masoquismo que me hace explorar una y otra vez mi vida con Polonia? Imagino que la amo todavía a pesar de no saber lo que amo todavía ni si lo que amo hoy se parece a lo que amaba entonces, pero el hecho mismo de recrearme en la relación, de que ruede como un hámster en su noria, repitiéndome, sólo puede ser debido a que he regresado, más de dos décadas después, a la necesidad terapéutica de escribir para aliviar el desánimo ante el abandono amoroso.

Sí, hace treinta años escribí en quince días quince poemas de desamor y, finalmente desahogado por el vómito o más bien por el insulto («con tu cuerpo moreno, de puta, sobre mi sofá» o algo así era uno de aquellos versos que recitaba impostando la voz de Rafael Alberti) emprendí el camino del olvido fugándome a una Argentina que, entonces, vivía sobresaltada por militares con la cara pintada y las patillas de gaucho de su presidente ladrón. Nunca revisé esos poemas o al menos no recuerdo que lo hiciera, simplemente expulsé las palabras que me oprimían el estómago y luego, juntas, las remití a M, la mujer amada y asesinable, y a una tía mía, gran lectora y que, a su vez, las mandó a una revista literaria, donde se publicaron unos meses después. M, mientras tanto, se casaba, y, francamente, no creo que se sintiera aludida por mis insultos o conmovida por las palabras de amor que, pienso hoy, eran de una belleza rabiosa. Terminada la pasión, controlada la tristeza y fuera de mí los fantasmas, nada dolía y, por lo tanto, dejó de ser necesario escribir, y comencé una nueva vida lejos de lo que había sido mi vida junto a M.

Nunca más, desde entonces y hasta ahora, he vuelto a escribir. Bueno, miento, redacté un par de poemas diez años después y en agosto, donde se desencadenan algunos de los episodios más sorprendentes de mi existencia, a una mujer que, en unos días, me despidió para siempre y a la que no he vuelto a ver, aunque me manda un correo electrónico cada día 23 de diciembre felicitándome las Navidades. También escribí un poema, que he perdido, dictado por las bombas cayendo sobre Bagdad. Nada más.

Hoy llevo escritos casi cuarenta poemas en apenas dos años y me temo que esta vez la condición recobrada de escritor va a quedarse por mis días algún tiempo más. Y no quisiera que fuese así, la verdad, porque escribir de lo que imagino que ocurrió me impide romper, física y emocionalmente, con Polonia y dificulta que me mueva con decisión hacia un espacio nuevo por donde podría asomar el futuro. Esta incómoda y, a la vez, inevitable sensación de permanecer colgado del tiempo que fue, se acentúa ahora que corrijo los primeros poemas, algunos de ellos escritos con felicidad casi sexual: son palabras de antropófago, desinhibidas, versos deslumbrados por la curiosidad, pero también de evidente escepticismo. Era feliz en aquellos días del comienzo de la relación, sí, pero no dejaba de sorprenderme mi estado gaseoso, como si la felicidad fuera una impostora o un acto reflejo de la pasión; no terminaba de creer que lo que tenía entre manos escaparía, al final, a la amenaza de nosotros mismos.

He descubierto también, al volver sobre estos poemas, que, por primera vez, más allá de la adolescencia, he redactado frases de titubeante alegría sin sentirme un estúpido ni aburrirme de mí mismo. Escribir ha sido siempre una forma de desahogar y hacer visible el rastro de lo perdido. De ahí mi sorpresa hoy cuando me releo cuasi dichoso. En todo caso, no soy capaz, o no lo fui nunca, de la plenitud de la alegría o de la insensatez: siempre un matiz aquí o una congoja allá han penalizado los tiempos de mi vida. Quizá vivir no es más que un curso avanzado de escepticismo.

Hoy encuentro irresistible el poder transformador de la sencillez. Casi podría decir que me he vuelto un maníaco de la jardinería minimalista: podar el poema hasta que nada sobre. Leo, diría que casi deletreo, borro, tacho, oculto o reinvento palabras, y comparo el texto original con el sobrevenido, y a veces regreso exhausto a la redacción inicial cuando soy incapaz de encontrar lo que sospecho me existe pero no se manifiesta, o frustrado por no intuir una palabra o una frase que nunca nadie, después de millones de libros, haya escrito nunca. Y nunca me voy de un poema hasta que creo haber terminado con él y me veo y me reconozco, sin imposturas aparentes, con toda la mierda, la esperanza y la indiferencia a la vista, y aun así, una hora después, o al día siguiente, regreso a lo que creí terminado, y reviso otra vez el texto, incapaz de terminar la exploración. No me engaño, creo que este afán de corregir y corregir representa también una lucha contra el olvido y contra la muerte: me niego a que esta historia sea almacenada en ese lugar inmóvil de la memoria donde ni siquiera llega la imaginación.

Y entonces, al volver sobre las palabras, surgen todo tipo de dudas y reflexiones: ¿Debe el poema reflejar la fotografía del instante en el que fue escrito o también el tiempo transcurrido entre la redacción y la corrección del texto? Si vivir y, por lo tanto sentir, no son casi nunca actos coherentes ¿por qué un poema debe reflejar sólo la montonera de emociones desencadenadas en un momento? En realidad me fascina la posibilidad de regresar algunos meses atrás en mi vida y describirme, desde el ahora mismo, como creía ser entonces. Otra inquietud, ¿cómo, al corregir el poema, mantengo la temperatura emocional que me hizo escribir aquellas palabras por primera vez? En este caso, al no haber muerto en mí casi nada de lo que fue, no me está resultando difícil mantener viva la intensidad aunque dudo que lo que sentí ayer sea exactamente igual a lo que hoy siento; al fin y al cabo el tiempo pesa y amontona horas hasta cambiar o matizar o, incluso desvanecer, aquello que un día fuimos.

En esta nueva etapa de corrector, Polonia y yo no nos vemos ya ni siquiera a través de la cámara de la computadora, aunque todavía no me he desprendido de la rabia, de la esperanza, y del grado de idealismo necesario, para seguir escribiendo con el objetivo, no explícito pero evidente, de regresar a su vida. Incluso he llegado a planificar viajes a Uruguay, en un *remake* del explorador Scott regresando como fantasma al Polo Sur donde murió. También persiste la desagradable sensación de estar en manos de una inconsciente del poder que tienen sus manos, pero esta circunstancia no me impide admirarla por su inteligencia y por su fortaleza de ánimo al aferrarse a la vida queriendo abandonarla. Soy un antropófago de una suicida. Me alimento de su extravagancia, de su depresión y de su tristeza, como ocurrió con M, la mujer de pelo negro hasta el culo y más allá. Treinta años después volví a encontrar un ser excepcional, una rareza, y me engulló.

La segunda clara conexión entre ambos tiempos de mi vida radica en mi ingenuidad. Como si no hubiera aprendido nada, amé entonces y sigo amando ahora como espero que me amen. La tercera coincidencia evidente se da tras la pérdida de la pareja; escribo al dictado de mis tripas sobre las (escasas) mujeres que amo y me abandonan (es un hecho, no un lamento). Me avergüenza un poco esta limitación temática: pareciera que no me conmuevo «más allá de mis penas personales» y algo de verdad hay en este reproche que me hago, pero no hay nada que pueda hacer: sigo escribiendo con y sobre Polonia, como entonces escribía sobre M.

Sin embargo, los tiempos de la escritura fueron diferentes entonces y ahora: escribí sobre M cuando lo había perdido todo y, por resumir la situación, ella siempre era culpable. Durante estos meses con Polonia he descrito cada instante casi en tiempo real, como si yo fuese un reportero instalado en nosotros y retransmitiera nuestra vida con un altavoz. Al leer los poemas me doy cuenta de que no hay rastro lógico en la escritura, a diferencia del tiempo con M. Entonces escribir significaba aprender a deconstruir la relación y comenzar a hacer evidente el olvido. Hoy persigo el relato de una locura, la jodida intensidad de vivir. Entonces fui asesinado de una sola vez, sin anestesia, un día de agosto. Hoy he sido consciente de mi asesinato pero no soy capaz de morirme y es la negativa a aceptar lo evidente lo que prolonga la agonía desde que me recluí, también en agosto, en el Regency Golf. Ahora, releyendo versos y cuadernos, doy cuenta de mi muerte pero, me temo, todavía la esperanza de resucitar es mucho más fuerte que la tristeza o la humillación.

La segunda muerte

(No debería soportar más esta secuencia de asesinatos íntimos,
la humillación repetida de intentar regresar donde nadie te
        espera.
Creo que debería calificar la esperanza como emoción
        vergonzante).

Ayer me suicidé, espero, por última vez, y me repugnó,
        por primera vez, mi dependencia,
esta perruna ocupación de mi tiempo por su espacio,
        esta terquedad irracional de mendigo,
este boca a boca sobre un tiempo irrespirable que sólo volverá
        desfigurado por la nostalgia.

Hacía tanta vida que no amaba que me falta ahora la experiencia
        para dejar de amar
pero, si recuerdo bien, todo empieza asumiendo tu irreversible
        condición de uno,
y continúa después con el recuento de los días felices hasta
        alcanzar el rencor:
dicen que una sola muerte no basta, si amas tanto,
        para convencerte de haber muerto.

No engaño a mis entrañas, no hay euforia ahí dentro,
        ni racionalidad, ni me conformo,
todavía voy y vengo remoloneando por aquellos instantes
        intermitentes y eternos,
los fantasmas, escondidos en horas sin dueño, me asaltan
        y me cercan y me tientan,
pero hoy sé que el futuro no tendrá el sonido de su voz de
        alimaña con el sexo abierto,

y también que no hay heroísmo en resistir contra su voluntad,
   contra toda evidencia:
me han tenido que asesinar dos veces para ser el hombre más
   triste y más libre del mundo.

El lugar del olvido

(Quizá es así el comienzo del olvido: fantasmear por lo
   destartalado de mis días).

Incapaz de reducirte hasta lo inexistente o de lograr que regreses
      al futuro,
te reinvento y, pálida, translúcida, deshabitada de toda intuición
      de felicidad,
irreconocible, ya no mía, te confino a los espacios sin futuro ni
      nostalgia,
allí donde nada llega definitivamente, donde nada permanece
      para siempre,
allí donde nada es más de un segundo y las despedidas se
      amontonan.

Y te convoco y te fabrico y te aparezco y te desarmo y te despiezo
      y te expulso
a lugares donde la soledad es más cruda y el abandono más
      evidente:
bajo la luz quirúrgica de los aeropuertos, en trenes antiguos de
      baños sucios,
por los hoteles más urbanos, en esta primavera de repente fría e
      inhóspita,
también te me cuelas por la lentitud del domingo,
      o por el dolor del lumbago,
o en las madrugadas de insomnio, próstata cincuentona
      y pornografía por internet.

Como un carnicero busco arrancarme la ternura acumulada,
debo ser humanamente animal, humanamente injusto,
      y vaciarme de ti,

necesito poder recordarte como sé que no fuiste,
    exprimirte hasta desfigurarte,
y así una y otra vez y otra más y otra hasta llegar al instante
    exacto del olvido,
pero las tripas no se rinden y te me escapas auténtica por la
    mirada más hermosa:
juraría que esa adolescente, a la salida del instituto,
    llevaba tus botas marrones de militar.

No quiet please

Tu silencio, donde vives, mucho más allá de mí,
    es una máquina carnívora de instantes que busca envilecer la
    memoria,
borrar todo rastro de luz y ahogarte en insignificancia:
creativo e impune, es un parásito que se acomoda en las
    inseguridades abiertas
y husmea por dentro, y revuelve por la imaginación y las
    hormonas, y ocupa el tiempo,
y despierta temores adormecidos e ilumina fracasos,
    y amontona basura, y la exhibe,
y pulveriza la insensatez y la felicidad que hubo hasta hacerte un
    negacionista de tu vida.

Sí, lo he racionalizado, sé que el silencio deforma y caricaturiza
    tu existencia conmigo,
pero aun así soy incapaz de elevarte sobre esta marea
    inevitablemente sucia
que me llega en días lentos tras la voladura descontrolada de un
    tiempo irrepetible,
y siento el peso muerto de lo mudo, y terror a que se prolongue
    esta nada,
que nunca más haya ruido, que al otro lado de mi vida,
    fuera de mí, no existas,
y que este silencio tuyo se extienda y acabe siendo la forma
    más grosera de olvido.

Mientras tanto, mientras todo y nada ocurre,
    escribo con pico y pala en soledad,
escondiéndome de los recuerdos y del dictado de las palabras
    más hermosas,

y necesito disciplina contra la nostalgia y muchas horas de este
    silencio de mierda,
porque lleva tiempo matar todo aquello que amé y que me amó,
    y acarrea rencor.

La dictadura de lo extraordinario

Hubo un instante, no hace tanto, en que pude llegar a ser el
    dueño de mis recuerdos,
fue en aquellos días de la basura de marzo en un hotel *high tech*
    de Montevideo,
allí, en mitad del desorden de los perplejos, los sonámbulos y los
    huérfanos,
debería haber aplicado con rabia el bisturí de matarife sobre mi
    vida y, sin piedad,
sin justicia que valga y sin precisión, eliminar todo rastro de los
    buenos tiempos;
un acto de libertad, consciente y definitivo, que me adentrase en
    la soledad y el futuro.

Todo hubiera sido entonces natural, previsible e insobornable
    hasta el olvido;
primero la desorientación, luego la ausencia, más tarde el alivio
    de la rabia,
y soportar el silencio sobrevenido y el vapor de las entrañas en
    ebullición,
acostumbrarse al asalto de la angustia por estaciones de tren,
    madrugadas y domingos,
escapar de lo que amabas, escapar de lo que creíste alcanzar,
    conformarte contigo.

Sólo se trataba de aguantar y seguir y seguir y porfiar hasta el
    punto del no retorno,
allí, de repente, la nostalgia, dicen, se vuelve acogedora y no
    atemoriza ni te exalta,
todo se ajusta, adquiere medida y ponderación, y miras atrás
    sin desprecio ni desamparo:

en aquel instante, según cuentan, descubres que la felicidad
   ocurrió y tuvo su tiempo.

Y sin embargo ese espejismo de cordura sucumbió ante el poder
   transformador del fuego,
una adicción que te consume y te crea, te deforma y te afirma,
   te enceniza y te purifica,
y posees y te posee, como un desatino, como un descubrimiento,
   como una maldición,
y sientes que ocupas su vida para siempre y que se ha instalado
   en la tuya para quedarse,
que no hay remedio ni escapatoria, que nada se desintegra
   ni se amortigua ni se relaja,
y comienzas a intuir que te ha penetrado la forma más insensata
   de amar,
y contra la razón, contra los miedos, más vivo que feliz,
   más desinhibido que cómodo,
habitas sin más resistencia ese lugar fuera de ti dónde te crece y
   te mata lo extraordinario.

Crónica de un segundo

No quiero precipitarme en las conclusiones de este análisis
    temporal de mí mismo
pero ahora no me reconozco, no me recuerdo así, no me veo
    aunque me mire bien,
hoy es un día insólito en el que las inseguridades parecen no
    gobernar mi tiempo,
no quiero decir que hayan desaparecido, simplemente se retiran,
    o desertan,
como si una luz cegadora hiciera huir las cucarachas del centro
    de la existencia.

De repente me encuentro desocupado por los miedos más
    familiares, desnudo de mí,
fugitivo de mis constantes vitales, casi limpio, casi imbatible,
    casi otro,
y todo aquí, dentro, dura un segundo porque sé que,
    aunque quisiera, así no soy,
y la esclavitud emocional que me han dejado los años busca
    volver y visibilizarse
y arrinconar al recién llegado, como si el intruso no mereciese
    un lugar en esta vida.

Pero, a veces, ese segundo, imperfecto, contaminado ya por el
    entorno, me crece dentro,
se asienta, sobrevive y deja un rastro, una intuición que alumbra
    una parte de los días,
un espacio único y nuevo en mi interior que, como una tubería
    irreparable, gotea futuro
y me separa de la muerte y de la experiencia que busca condenar
    los años a la repetición.

Y cuando, como hoy, ese segundo dura ya veinticuatro horas,
    millones de instantes,
puedo llegar a pensar, racionalmente, que parte de mi tiempo
    está a salvo de mi vida,
que los miedos, sí, continúan paseándose impunes por mi
    cerebro de siempre,
que me rondan y salpican la incredulidad, el escepticismo
    y la memoria insobornable,
pero, también, que después de un día de casi alegría,
    me siento poderoso, casi sabio,
al descubrir que los milagros, a veces, ocurren y arrinconan la
    miseria hasta reciclarla.

Tu lugar exacto

Lo sé, el tiempo transcurrido y la distancia sin la pasión del
    corredor de fondo
harán su trabajo de piqueta tranquila y terminaré por
    arrancarme este olor,
y limpio de urgencias, perfumado de nada, todo será lejos,
    detrás, casi ciencia,
y comenzará tu transformación hasta hacerte mía,
    y arcilla y alambre y mito.

La memoria, sin la gasolina de la rabia, no es más que un
    mausoleo de recuerdos,
aquellos instantes compartidos, exclusivos, asombrosos,
    deformados e improbables,
adonde uno regresa para cobijarse de la realidad incandescente y
    la metralla y la soledad.

En ese lugar estufa de mínimo calor constante el futuro ya no
    existe ni se le espera,
tampoco el abandono ni el deseo infinito ni el arrepentimiento
    ni siquiera la nostalgia,
sólo te calienta lo que imaginas que hubo, aquello que necesitas
    creer que existió;
las palabras más hermosas, la compañía más auténtica,
    el sexo contra la muerte.

He aprendido que no podré traerte de vuelta pero también que
    el olvido no ocurrirá,
así que, definitivamente conforme y sometido a la fuerza
    extraordinaria de lo imposible,

te deposito, con lentitud de enfermo muscular, de no creyente,
   de terco inmóvil,
en la memoria más soleada donde algunos recuerdos crecen
   hasta alumbrar la vida
y no llega nunca el reflujo de la angustia ni la vergüenza de los
   intentos desesperados.

El descubrimiento rutinario de tu vida

Sin aparente contradicción te incrustas en mi estómago y
    abandonas mi vida,
como si te alimentaras de entraña y huida y sobrasen la luz y
    todas las palabras,
como si existir no fuera más que una búsqueda consciente de la
    muerte perfecta
sin la exigencia del suicidio ni la angustia de soportar los días sin
    esperanza.

Te cobijas en el núcleo de la cebolla con lo indispensable para no
    morir:
un hijo, sexo, trabajo de mierda y fuego inextinguible más allá
    del mar.

Es fascinante mi capacidad para saber vivir con los restos de lo
    que fuiste,
ni siquiera añoro todo aquello que expulsas, indolente,
    de tu vida y de la mía,
dentro de un tiempo no habrá ocurrido el salvajismo de tu sexo
    sobre mi lengua,
ni el aullido del orgasmo, ni las promesas de aluvión,
    casi ni nos reconoceremos,
y sin embargo, un cinco por ciento de ti misma,
    casi fantasmal a miles de kilómetros,
eres cada vez menos recuerdo y más incendio,
    cada hora más nada y más okupa,
casi despojada de todo lo que amé sigo hipnotizado por esta
    marea inexplicable.

Queda poco de ti, apenas imaginación, y sin embargo almaceno
    instantes y espejismos
con la insensatez de Frankenstein: insuflo vida pretendida a lo
    que ya ha muerto,
pero no me engaño, sé que recoges ya con determinación
    evidencias del naufragio,
que rastreas tu vida a la búsqueda de una mayoría de días sin
    sentido,
y al final, seguro, detectarás el humo de la desgana,
    el vacío y la indiferencia,
y habrás confirmado, una vez más, que nada tiene futuro salvo
    tu agonía de vivir.

La compañía del polvo

Hay muertos que no mueren, que no huelen a muerto,
    que no fantasmean,
son muertos que no te matan, que no se maldicen,
    que no se añoran,
muertos que no provocan arcadas de nostalgia ni tentaciones
    de olvido,
muertos que no se sepultan ni se queman, muertos sin duelo,
    sin Dios,
muertos que no te abruman de soledad y silencio ni
    pervierten el porvenir,
son vivos que aparentan irse de tu tiempo pero se instalan
    donde nada muere,
fugitivos del ya, del ahora, pero parte esencial de la vida que
    no te avergüenza.

En estos días al raso de mí mismo me impongo recordar;
y busco y rebusco entre la niebla fogonazos de felicidad
    intermitente,
aquellos instantes que no supe prolongar pero que me
    acompañan a lo lejos,
lo que entonces murió y me mató es hoy un espacio de vida
    incombustible,
lo que fue incendio y destrucción hoy me apacigua y me
    acoge y me crea.

Sé que todo ha muerto porque ya no me conmueve la
    posibilidad de la muerte,
las tripas y las horas han sido desalojadas de toda creencia
    insensata de futuro,

no remuevo con el palo las cenizas ni aplico el boca el boca
    sobre un tiempo inerte,
apenas duele hoy todo lo imaginado, todo aquello que pudo
    ser y no se concretó,
hoy no importa lo que nunca fue,
    sólo el polvo que te sobrevive y sigue viaje contigo.

Happy birthday

Hubo un entonces en la vida en el que, tras la lluvia de basura
    cósmica, siempre escampaba,
en aquellos días todo importaba y nada era importante,
    todo te dolía pero nada dolía mucho,
y aunque algunas veces te sentías desgraciado eras también
    un inconsciente y un cabrón.

Nada se perdía para siempre, nada te abandonaba del todo,
    nada huía que no se encontrase,
–en aquel entonces Dios escogía con pericia a quién matar y
    los muertos nunca eran tuyos–
todo era posible, todo circular, había tiempo suficiente para la
    esperanza, para el porvenir,
y rendirse no significaba rendición, sólo saber manejar la
    tristeza, el desánimo y la rabia.
En aquella edad, lejana hoy, la posibilidad de repetición del
    tiempo era casi una certeza,
nada era irreparable, irreversible, definitivo, todo podía ser,
    había margen de maniobra.

La soledad, entonces, generaba monstruos concretos,
    bilis identificable, fracasos asumibles,
nada marcaba tendencia ni destino, nada te pasaba sólo a ti,
    nada te condenaba a perpetuidad,
y la nostalgia, como un cirujano plástico, era capaz de
    sublimar los momentos más insípidos,
y también desfiguraba, con impunidad, las miserias y las
    equivocaciones más groseras,
y tu vida era un conjunto de horas relativamente feliz,
    un lugar donde continuar viviendo.

Hoy cumplo más de cincuenta años y me abandona el paisaje
        de horizontes que regresan,
la intensidad que fue no es ya de una exuberancia insultante,
        y todo escasea y se mide,
y reconoces la sequía de segundos disponibles y la falta de
        tiempo para la repetición,
cada instante puede ser único, y, además, la memoria no es la
        que era, nada es lo que era.

Todo lo que ya no recuerdas y quisieras recordar,
        lo que no has olvidado y quisieras no recordar
y la impotencia ante un futuro insobornable,
        rodea tu vida buscando rendirte.
Me protejo con la teoría de la relatividad, el Alzheimer no
        diagnosticado, los habitantes vivos
(mi hija, mi nieta y el perro) y la fuerza irresistible de la
        esperanza,
y, aunque vivir es muy jodido, todavía husmeo el vapor de las
        últimas oportunidades.

Ya nada es ligero aquí, soporto con dificultad el peso de los
        ausentes más ausentes,
la soledad cruda de los domingos, la espesura de los recuerdos
o mi evidente incapacidad para perseguir todos los sueños.

Algunos instantes no volverán, pero hoy, en mi cumpleaños,
        sé que mi vida no está finiquitada
y tampoco puede ser, con justicia, diseccionada o resumida,
quedan días por delante y espacio en las entrañas para encontrar
        lo que se me fue;
nunca antes me había sentido tan lejos del suicidio y tan cerca
        de la muerte.

Inventario de un tiempo extraño

Es este el inventario del tiempo sin espacio, una rareza entre los
    instantes de la vida,
un lugar entre la constatación del no regreso y la intuición de la
    indiferencia,
aquí el dolor de la pérdida remite en intensidad,
    te desocupa sin abandonarte del todo
y se recicla en nostalgia pura, aquélla que no contiene esperanza
    ni indignación.

En estos días ya no incrustas los perros entre las horas a la
    búsqueda de certezas,
y, aunque la perplejidad sigue, no queda ni una esquirla de
    mierda ni de rabia.
Han dejado de rondarte, para siempre, creo, una buena parte de
    pensamientos/buitre
y el desamparo se acomoda a momentos concretos dejando a
    salvo todo lo demás.

Es éste un instante a medio gas, todavía la añoras pero la
    ausencia no te maltrata,
la sensación de fracaso no es ya tan intensa pero los recuerdos
    no son inofensivos,
Polonia empieza a quedar lejos pero no a la distancia que
    permita una nueva vida,
todo se ha fugado pero nada se archivó todavía en el almacén de
    lo inamovible.

Es el tiempo de los zombis, de los habitantes que dejaste a este
    lado del mar,
y esperas que nada cambie hasta hacerse irreconocible,
    que todo esté en su sitio,

uno necesita volver a su vida, ese lugar común de gestos,
     paisajes y exactitudes
donde, como en una habitación antipánico, se busca refugio tras
     la enajenación.

Son frágiles estos días y la marea de recuerdos te llega,
aprovecha la ira atenuada, la idealización del pasado,
     y te alimenta de humo,
y tira de tu vida y te mantiene inmóvil en la contemplación de lo
     perdido,
y crees entonces, contaminado por tus ojos,
     intoxicado por la soledad,
que viviste algo irrepetible y que ese tiempo que no fue regresará
     un día,
pero no te engañes, no hay vuelta atrás, todo lo deforma el
     empuje de la nostalgia,
queda perseverar hacia los únicos espacios sin riesgo:
     la indiferencia y, quizá, la ternura.

La muerte de la imaginación

¿Cuándo uno deserta de imaginar y se exilia a un no ser
    donde no caben los sueños?,
¿Cuándo se abandona ese estado de excepción emocional
    donde todo parecía posible?,
¿En qué momento uno se desprende de las últimas mentiras y
    de las primeras promesas?,
¿Podré instalarme, rápido, rápido, en el no deseo,
    en la no expectativa, en el escepticismo?

Veintitantos poemas después entonces es aún
y amenaza con ser siempre,
la despedida no me llevó siquiera a las afueras del olvido,
y la imaginación quedó encendida, con sus *ups and downs*,
servicio veinticuatro horas, de guardia,
una luz permanente, grosera, endoscópica, inquisidora,
dispersa, indulgente y distraída que delata
lo que existió y lo que creo que existió,
aquello que nos sobrevive entre la niebla,
y lo perdido, sobre todo alumbra lo perdido.

Quiero pensar que tras la perplejidad y la negación llega el
    alivio del encefalograma plano,
y la indiferencia, y entonces el tiempo que fue habrá muerto
    porque dejaré de imaginarlo,
y, a salvo de este dolor que creía crónico, regresaré con
    naturalidad al lugar del crimen,
y aquellos días, sin ruido, mansamente, ocuparán su espacio
    en la reserva india de la nostalgia.

Para controlar la lluvia inclemente de la imaginación y volver
    cuanto antes del tiempo idealizado,
aconsejan los expertos, como primer paso ineludible de
    muchos, desintegrar sin piedad la esperanza,
después, seco con la tripa al sol, inmóvil como un analfabeto
    ante el papel, dejaré de pertenecerte.

Lo último antes del silencio

Cuando miro hacia ese tiempo todo era incombustible y todo era
    futuro,
cuando me sitúo en ese instante sobre el mar entre Montevideo y
    Lisboa,
cuando miro hacia mi vida entonces, descubro una historia de
    amor,
nada más y nada menos, nada especialmente admirable ni
    merecido,
nada extraordinario ni único, ni magia ni destino ni dedo de Dios,
nada que no hayan vivido millones de seres humanos
    conmovidos,
tan cotidiana y tan universal como la muerte, la soledad o la
    pobreza.

Y sin embargo, cuando me detengo a mirar, todo es violentamente
    mío,
y todo queda tan cerca, tan exclusivo, que me cuesta despedirme
    del todo,
y entro en la ciénaga y hundo las manos en mi reflejo,
    apenas reconocible,
y escribo y me reescribo y me corrijo y me subrayo y me adjetivo
    y me interrogo,
y me aplasto y me escondo y me fugo y me aliento y me conformo
    y me diluyo,
y me esperanzo otra vez, y me someto y me olvido y me sobrevivo
    y me mato,
y al final sólo me relato ya, y me vislumbro o me intuyo o me
    invento o me adivino,
y lo que fue, como en todas las historias, no es más que un
    recuerdo de lo que creí que fue.

Lo que queda por hacer es sólo un asunto de coordenadas y
   ubicación espacial:
almacenar los restos en el sitio exacto que corresponde y que no
   molesten más.
Yo, inaccesible, descontaminado y sordo, me sitúo en el punto del
   mapa sin sirenas:
allí nada ni nadie te ahoga ni te abandona ni te embosca
   ni te sabotea ni se ofrece.

Quisiera reposar la cabeza en lo neutro y recordar sin amenaza de
   pérdida y sin ambición,
saudade sin pretensiones, sin urgencias, sin preguntas,
   sin humillación, sin oportunidad,
días de sol y ternura donde uno vuelve, en inviernos de rendición,
   a creer en su vida,
sin desvaríos, sin azar, sin arrebatos, emoción inmóvil,
   detenida en esos años, inmortal,
y a salvo de los vapores de la posesión, el sofoco del miedo
   y el delirio del futuro.
Una historia de amor que es historia de buena vida y que regresa,
   dócil, al evocarla,
la marea suave, intermitente e imprescindible que no trae
   chapapote entre la espuma.

Queda situarte, Polonia, allí donde es tan reducido el espacio,
   tan esquemático, tan simple,
que no caben las palabras hirientes o hermosas ni la nostalgia
   enfermiza ni el hoy obsesivo;
recuerdo crudo te espero, debo matarte, silenciarme quiero
   decir, no existirás más si no te escribo más.

UNIDAD DE CUIDADOS INTENSIVOS

Cuaderno desvergonzado número 3
LOS MESES EN QUE MI VIDA SE VACIÓ

He cumplido más de cincuenta años y sé que me empieza a faltar espacio donde cobijar el futuro. Sé también que las decisiones que adopto a estas alturas de la vida son casi irreversibles: más que decisiones son últimas voluntades. No sé si todo lo de ahora regresará de nuevo o se marchará lejos para siempre. Hoy pareciera que lo que tengo y tuve está en riesgo de desaparecer y que aquello que me falta ya nunca pudiera llegar a mis manos. Sí, necesito ser condescendiente con la vida porque ya no podré cambiarla radicalmente.

Sólo eres dueño de tu vida cuando eres dueño de tu tiempo. En el principio todo podía repararse, todo era posible de nuevo; y por qué no la próxima vez, pensaba. Ahora ando a la intemperie, temeroso de abdicar de lo vivido. En aquel tiempo todo lo que te abandonaba –amigos, novias, trabajo, familia– te esperaba a la esquina del día siguiente. En el peor de los casos sólo era un mal recuerdo y, a veces, ni siquiera eso, porque, en un sentimental como yo, la fuerza de la nostalgia se imponía, con el paso de los años, a la tristeza. Nada se perdía sin remedio, nada te abandonaba del todo, quedaba tiempo y espacio para una y muchas veces más, no se percibía la angustia de lo irreparable, ni la cercanía del resumen de tu vida ni, por supuesto, su final.

Y hoy, cuando cumplo tantos años, la obviedad que he ido rumiando como una intuición se ha instalado en mí de forma definitiva; cada vez hay menos tiempo para la próxima vez. Ya noto algunos síntomas físicos como la hinchazón del tobillo izquierdo –probablemente un comienzo de gota– o la dificultad para levantarme por las mañanas desde esa maldita cama que se extiende casi al ras del suelo, pero el más inquietante de todos los síntomas, la alarma ruidosa que señala peligro, es el hecho

71

cierto de que ya llevo a cuestas varios muertos de mi generación, incluidos algunos de los que amé y me amaron.

Hace unos meses murió V, inesperadamente; un amigo con polio desde niño y que, contra toda lógica y contra su cuerpo, corría la banda del patio de nuestra casa en Jaén tras una pelota de tenis o una piedra intentando, una y otra vez, el centro perfecto al área. Me acompañó y lo seguí toda la vida hasta que la vida lo mató dejándolo sin defensas, a la intemperie de cualquier infección. Quizá lo remató una gripe o, peor, un resfriado.

Hace dos semanas, esta vez de una enfermedad recurrente que amenazó varios años con matarla, murió M, el amor de mi vida. Me contó que se moría al final de una tarde de enero después de tocarnos y besarnos como siempre hacíamos, acostumbrados a estar cada uno al alcance de otro. Decidí acompañarla hasta el final y más allá, hacia ninguna parte quiero decir, mientras la gozaba y la sufría casi cada tarde durante siete meses.

Una noche de agosto terminó de morirse y la busqué en el tanatorio de la M-30 después de precipitar mi viaje de vuelta desde Londres. Siempre son amarillos los muertos. A la mañana siguiente fuimos unos cuantos amigos y familiares al crematorio y ahí aprendí que la muerte de los que amamos, resistida en compañía, disminuye, aún sea ligeramente, la soledad de los que seguimos vivos. En el momento en que se cierran las cortinas y el cuerpo se quema sentí la presencia casi insultante del vacío, como si el fuego se llevara consigo una buena parte de mi vida junto a M.

No fue así. Mi teléfono, inconscientemente, involuntariamente, no paraba de llamar al móvil de M. Me di cuenta de que sólo su número, entre los más de quinientos que almacenaba, tenía instalado el sistema de marcación rápida y cada vez que pulsaba la letra p llamaba a M. Fueron centenares de llamadas en esos primeros quince días de muerta hasta que, también misteriosamente, se desconectó el sistema. No he contado tampoco a nadie, por vergüenza y pudor que, a mi lado, a mis pies, cada noche, durante estas dos semanas, al irme a dormir, siento un peso, como si alguien, invisible pero real, se sentara sobre la cama. No tengo miedo. La echo de menos y me alivia pensar que ella también me extraña y que por esa razón se acerca por casa al anochecer. M era el único lugar realmente abierto en mi vida: podía irme y regresar cuando quisiera, sin preguntas, sin el más mínimo reproche.

En ambos casos tengo la sensación de que, afortunadamente, llegué a tiempo de despedirme y de compartir con ellos los meses soleados del verano. Con la muerte de V y, especialmente de M, he llegado a disfrutar –no he equivocado el verbo, no– de los momentos únicos que proporciona frecuentar la extinción de alguien querido: llena de instantes definitivos e irrepetibles, la agonía, si se prolonga con cierta apariencia de vida, te puede hacer olvidar la amenaza de la muerte, como si el deterioro físico te acercara a otra forma de existencia, y no necesariamente a su final. Hubo algunos días, pocos, en que M se parecía a la M que recordaba; otro días, muchos, no podía levantarse de la cama, o moqueaba indefensa o sencillamente se desvanecía, y, sin embargo, llegué a acostumbrarme a verla morir sin pensar que se moría.

La muerte y la locura, juntas, han rondado en estos meses la cabeza de Polonia. Nunca había compartido el tiempo de vivir con una suicida vocacional, con una pensadora de la muerte, con una negacionista de las bondades de la vida. La amo tanto que no soporto pensarla muerta. A veces sueña que es un bicho que, de espaldas, con las patitas al aire, reclama, a la vez, una mano que lo enderece y otra que lo aplaste. Vive al borde de morir y al borde de la vida, sin decidir todavía donde quedarse. Ahora, después de ser sometida por los médicos a la micronarcosis y a toneladas de pastillas, vive en estado mental vacío.

Me parece que tengo muchos años. M y V no volverán. Polonia todavía sigue conmigo, a este lado de la vida, aunque temo que un día se suicide. Y este miedo, hace dos madrugadas, se instaló en mi casa. Polonia vino a Madrid con el fin de recuperarse de una depresión diagnosticada y amortiguar la tristeza de vivir. Compartimos una noche de caricias, vino blanco y jamón sobre la terraza de un sexto piso con vistas al atardecer y a las torres de Plaza de Castilla. En un momento dado me levanté del sofá, fui al baño y la dejé sola mirando por la ventana. Volví diez minutos después y había desaparecido: todas sus cosas –bolso, sujetador, abrigo y *Libro del desasosiego*– seguían sobre la mesa. La llamé repetidamente y cada vez más fuerte por su nombre, luego vi la ventana abierta y me asomé con angustia al vacío, pero, afortunadamente, su cuerpo no se encontraba tendido sobre el césped del jardín. Abrí luego, cada vez más inquieto, la puerta de la casa con la esperanza de que estuviera fumando en el descansillo de la escalera o se hubiera marchado de allí en un impulso rabioso. ¿Adónde había ido a parar Polonia? Fueron apenas dos minutos de búsqueda; de repente salió del armario del cuarto sonriendo como una criatura, casi satisfecha de que la hubiese pensado suicida.

Impedir que se mate y el recuerdo del sexo rabioso quizá sean los dos motivos fundamentales que me sujetan a la vida de Polonia. No quisiera esta vez, como me ocurrió con M, llegar a tiempo al final de su existencia y tarde al resto de su vida.

La tentación de Polonia

Son, a la vez, sicarios de la emoción y cobradores del frac,
basura que deja tras de sí la intensidad cuando se evapora,
habitantes incómodos del después cuando es *forever*,
impulsores de este reflujo ácido que me sube por la garganta,
imprescindibles en un estómago bajo la tiranía de la ausencia.

Hasta ayer me rodeaban, sin resistencia ni escondite posible...

La fábrica de sueños y la insensatez de la esperanza,
la metralla del rencor y el espejismo de la nostalgia,
el tiempo lento y groseramente disponible a todas horas,
el masoquismo de almacenar desperdicios y destierros,
una arcada sin asco, un recuerdo sin distancia,
la existencia del olvido sin vocación de olvido,
la fuerza destructiva de lo inexplicable y del silencio,
la presencia del vacío, de la soledad y la desorientación,
la compañía de los zombis más experimentados,
el alivio de mujeres virtuales abiertas de piernas, y el perro.

Hoy, sin embargo, me ronda la ausencia mayúscula, la tentación,
–vino entre palabras, con naturalidad, como quien habla de
     futuro–
y de repente todo lo que era se esfumó ante el empuje de la
     muerte
y la posibilidad del abandono sin remedio ni escalas,
     a quemarropa.

Conmigo, Polonia, no hubo asesinato, ni siquiera despedida,
te fuiste por el cansancio de una vida con demasiados días por
    delante;
me avergüenza sentir piedad, la forma más repulsiva de amar al
    prójimo.

Tu muerte no te pertenece

Estoy en el peor lugar posible del mundo –a tu lado y lejos–
    cuando te tienta morirte,
empiezo otra vida contigo; se desvaneció en mí el animal y el
    estrangulador,
y muté, sin preparación ni condiciones, en decisivo, asexuado,
    doméstico y piadoso,
me sitúo, temo que para siempre, fuera de nosotros –lo que no
    fuimos ya no importa–
y trato de asimilar el miedo a tu muerte sin haber logrado,
    todavía, el confort del olvido.

Quiero creer que tu pulsión de morir es sólo un síntoma de una
    enfermedad tratable,
una sensación de libertad ante el desánimo o la depresión de los
    expertos en sí mismos,
quisiera aprenderte y afirmar, con conocimiento, que te frena la
    lucidez de los cobardes
o que la curiosidad de vivir se impone al cansancio de una vida
    repetida y sin resquicios,
pero sé de la capacidad de persuasión de tus entrañas y la
    hostilidad del pasado que te rinde
y me angustia que pienses haber alcanzado el grado máximo de
    descreimiento en el futuro.

¿Cómo puedo hacer que desertes un segundo de ti misma para
    infiltrarte emoción?,
¿Cómo puedo alejarte un instante del lado oscuro e iluminar lo
    que crees no poseer?

Sabes, no puedo permitirme que precipites, con tu desgana,
    la llegada de la muerte,
soy incapaz de gestionar el olvido sin romper antes el estado de
    piedra que te habita
y encontrar, entre los miedos, sobre todas las experiencias,
    tu intuición de querer vivir.

Recurriré, si es necesario, si nada más te estimula, al chantaje,
    al psiquiatra cómplice,
a testigos falsos de los años felices que nunca ocurrieron,
    a las palabras de Levrero,
–*A Polonia, esperando que no se desvanezca*– a la mentira
    indemostrable,
y te enseñaré sin pudor, para conmoverte,
    este amor dependiente que me humilla.

Si todo falla, en el instante en que todo se decide,
    cuando nada importe, en el casi final,
ese larguirucho que reclama *basket*, raviolis y buen cine no
    permitirá que te mates.

Descarnado

¿Algún día lo que amas es ya inalcanzable, invisible a cualquier
     forma de miedo?,
¿Cesa entonces la manipulación del silencio, la deformación de
     la distancia, este ruido?

¿En algún instante deja de ser frágil y huidizo aquello que te
     fortalece y aumenta?,
¿Es posible un estado emocional presente puro donde nada se
     sueña ni se exige?,
¿Podré instalarme en el punto exacto entre el no futuro y el no
     olvido?,
¿Se ha descubierto ya el fuego que no te incendia pero tampoco
     te consume?

¿Cuándo lo que amas deja de ser temido y no se posee,
     no se vela, no se vigila, no se ata,
no se protege, no se estrangula, no se adelgaza, no se come,
     no se vomita, no se sacrifica,
no se pierde, no se abandona, no se ridiculiza, no te mata,
     no te duele, no te conforma, no te aísla, no te olvida?,
¿Cuándo es parte de ti, inmóvil, para siempre?

Resignarme a no poseerte lúdica, enajenada, sexual,
     es estrategia de sobreviviente,
sabiduría táctica que busca mantenerte asomada al centro
     nuclear de mi vida,
o quizá evidencia de nuestra falta de futuro y mi incapacidad
     para declararte recuerdo.

¿Te acompaño por temor a que no te soportes más o para
    volverte a amar?,
¿Te amenaza tanto la vida o sobreactúo contigo para hacerme
    imprescindible?

¿Alguna vez somos tan inconscientes que llegamos a ponernos a
    salvo de nosotros mismos?

El segundo que nunca debió ser poema

Nadie debería leer nunca una línea de lo que va a ser esta noche,
      más que un poema, un exabrupto,
me doy asco por escribir lo que voy a escribir, me avergüenzo
      preventivamente, me sé primitivo,
y me temo que toca exhibir sin ambigüedades la entera
      complejidad del ser humano.

No me gusto, y, asustado de una parte de mí mismo, remoloneo
      sobre el ordenador, me distraigo,
trato de ser rendido por la madrugada y que el relámpago
      oscuro quede ahí, dentro pero en nada,
indescifrable como un delirio, como un mal pensamiento,
      como una reacción química ineludible.

Quizá esto no sea más que el último fogonazo irracional de
      rebeldía ante la evidencia del fracaso,
ni más ni menos que el lógico espasmo de la autoestima,
      un escupitajo adolescente contra el viento,
en todo caso puedo constatar que todavía no he llegado a la
      ternura ni me aproximo al olvido.

Inesperadamente Polonia abandonó los alrededores del vértigo y
      la quietud de los moribundos
y sentí entonces con nitidez –fue sólo un segundo– que temía
      más a su felicidad que a su muerte,
y me añoré imprescindible, cuando ella ambicionaba el suicidio
      y sufría la luz de los psiquiátricos.

Poemas del psiquiátrico

¿Quedará algo de lo que recuerdo cuando abandones el hospital
de los locos?,
¿Lograré un día escapar de esta piedad asexuada y del miedo a
que te mates?
Desearía empujarte fuera de mí y echar distancia entre tú y yo, y
apagarte de golpe,
y no saber nunca nada más de vos, y ubicarte lejos de todo lo
que me acompaña,
donde no llegan mis manos, y que me dejes vivir, y olvidarte sin
rendición.

II

¿Cómo conviven en ti, sin que nada prevalezca, la ambición de
dejar de vivir,
la amenaza de una vida larga e inhóspita y la frustración de un
suicidio improbable?

Cuando te vuelan la cabeza con esa máquina... ¿Adónde va lo que
no logras recordar?,
¿Caen minutos, días, nombres, años quizá, dentro de la nada
cósmica y se deshacen para siempre,
o la descarga sólo provoca un desorden temporal, una
desbandada de instantes pájaro
que poco a poco regresan a su sitio, fieles a lo que fueron?,
¿Y todo vuelve igual, intacto?,
¿Polonia, cuántas explosiones controladas son necesarias para
curarte de querer morir?

IV

No quiero que vivas contra ti misma pero tampoco que te
acabes conmigo en tu vida,
estos son ruegos de sobreviviente: si merodeas por el no ser,
apártate de mí,
no podré separarme cuando alcances la plenitud de tu
destrucción y todo sea inminente,
nada podrá llevarme lejos de ti entonces, ahora es el momento,
cuando queda esperanza.

V

Te sigo sin más voluntad que seguirte
hacia ese lugar donde, si llegas, no habré existido.
Rehén de un instante inolvidable y de todos los momentos
imaginados
te acompaño manso e inmóvil, como un elefante viejo,
hacia ese sitio en tus entrañas donde no queda ni rastro del
horizonte.

VI

Quizá hoy pueda parecerte increíble pero hubo un tiempo
más allá de ti misma,
un espacio de vida que, sin avisar, te instaló al margen de tu
existencia;
yo lo conocí, hubo sexo sucio, del bueno, y ternura en la
cocina y descubrimientos,
y azar y energía y lluvia sin cansancio y amaneceres sin
promesas,
hubo un tiempo, sí, en el que tus fantasmas sólo parecían
recuerdos,
y te sentías poderosa sin identidad, suficientemente fuera de
ti para tener futuro.

Ensayo sobre el tiempo disponible

Lo peor de la muerte, pensaba, era el segundo después,
    la comprobación forense,
el silencio imbatible en la zona cero, la angustia ante la falta de
    movimiento,
luego la soledad en carne viva, las horas llenas de recuerdos
    como alimañas,
repasar las imágenes conmovedoras de aquellos días donde todo
    era inmortal,
y soportar luego el peso de los años desperdiciados cuando nada
    tiene remedio.

Hoy sé que la muerte peor es la que se anuncia, la que no
    embosca ni sorprende,
la que llega pronto y se instala en quien amas y,
    como una rata insomne, devora,
demorándose sin abandonarte, hambrienta y comedida,
    metódica e imprevisible,
dueña del peso, del extravío de tus ojos, de los dedos retorcidos
    como pesadillas,
de tu miedo a la madrugada, de la congelación de tus
    articulaciones, de tu agonía.

Y es en esta vida en retirada hacia ninguna parte donde rastreo
    el tiempo disponible,
y en contradicción insalvable me despido cada momento de ti
    mientras te recobro,
y busco retener cada gesto, cada silencio, y el humo de tu olor, y
    tu voz de tímida,

y junto vivencias en una barricada que aguante el impacto de la
   muerte y los años;
nada tuyo importante debe faltar cuando no puedas regenerarte
   y te haya perdido,

Quién sabe lo que espera al otro lado y lo que admitirán que
   lleves desde este lado...
¿Será la nada después de todo?, ¿se borrará todo eco de estos días
   juntos?,
quizá puedas cargar contigo algunos momentos para ese viaje de
   ida tan incierto,
tal vez el segundo más hermoso, o las palabras más sabias o sólo
   las últimas 24 horas,
yo, por si acaso, te miro, te rozo, te deseo y sirvo café caliente con
   las ventanas abiertas.

La vida esencial

Tu próxima muerte ha devuelto a los instantes juntos la sencillez
    de la compañía,
sin futuro disponible, sin tener que airear el palacio de las
    oportunidades perdidas,
sin la sombra ideológica de la estabilidad y a salvo de la creencia
    en el destino,
sin idealización del otro, sin posibilidad de huir del otro,
    sin salida de nosotros,
toca exprimirnos en el tiempo más escaso de tiempo antes de
    quedar confinados
a un lado y otro de la frontera por la que sólo transitan los
    suicidas y los recuerdos.

Y así te miro para reconocerte, para que no me abandones
    cuando seas bruma,
y me tocas y me hueles para que lo más escondido de mí te
    acompañe donde vayas,
y buscamos también iluminar la vida disponible con restos de la
    vida más hermosa:
comer arroz al borde del mar, tomar el sol de invierno, dormir
    juntos en casas prestadas,
soñar con viajar a Lisboa en abril y, sobre todo, pasear de la
    mano, con confianza,
con lentitud, como si todo fuese nosotros y todo infinito, puro,
    casi diría que inmortal.

Lo que ya no se nombra ni se mira

Nunca te pregunto por la logística que acompaña a tu muerte;
a quién y dónde dejas lo poco que tienes,
si me quieres a tu lado cuando no me reconozcas
o qué hacer con un cuerpo flaco ya vacío de ti.

Me has convencido de no esperar nada antes de todo:
ni un milagro de los médicos,
ni el poder sanador de la esperanza,
ni el arrepentimiento de Dios tras reconocerse injusto.
Sólo que tu psiquiatra tenga razón y, al morir,
        el cuerpo se transforme en energía.

La nostalgia ha sido proscrita también porque ya nada puede
        repetirse ni enmendarse
y la vida que tuviste delata hoy la escasez y la miseria de vida
        que te queda por vivir,
y contemplarnos como éramos entonces –inmortales
        derrochadores de instantes–
cuando nada importaba y todo iba y volvía y volvía a irse,
        inagotable y agotador,
te deja a la intemperie, consciente de asumir que ya nada volverá
        a ser lo que fue.

Tampoco el futuro se nombra, ni siquiera el próximo mes,
        ni siquiera mañana,
no hay proyectos al alcance de tus días: sólo sobrevivir hasta
        desaparecer.
Forzada testigo de tu ruina perteneces al reino del azar y de lo
        irremediable,

y cada tarde constato la exuberancia de la agonía en directo,
     su falta de escrúpulos,
y me sobrecoge el tamaño de tus dientes ocupando la cara en
     retirada,
y las figuras surrealistas de manos y pies encogidos por huesos
     petrificados,
y tu cuerpo que se aparta de ti, arenoso, y la dictadura de la
     lentitud sobre cada músculo.

Temo mirarte un segundo como si murieras y que lo notes y me
     exilies,
no, no puedo mostrar como dejas de ser ni humillarte con los
     ojos más piadosos,
ensayo en el aire las caricias, ya sabes, las brutales, y deposito mis
     manos sobre ti,
y la mirada, para que me reconozcas acariciándote, para que me
     reconozcas mirándote,
eso sí, ya sin rastro de semen ni salvajismo pero con la ternura
     acumulada de los años que regresa para depositarse,
sabia, como entonces, en tu vientre, sobre tu pelo.

Sé lo que esperas de mí: algo de la vida que tuviste y que no
     vomite ni me retire hasta el final.

El momento exacto de la muerte segura

Soy más consciente de que te me mueres cuando la vida es en
   domingo,
aquí, en este silencio, en este día exiliado del ruido de los días
   comunes,
cuando la sirena del instituto no llama a recreo ni a cambio de clase
y se escuchan los pájaros y la nevera y la llegada de mensajes al
   móvil,
con todo el vacío extendido ante mí y nada que hacer salvo
   pensarte,
querría apartarme de lo que guardo y empezar cuanto antes el
   olvido,
pero también quisiera meterme en tus ojos y hacer mío todo lo
   que ves.

Y esta contradicción me acompaña cada tarde que pasamos juntos
   en el barrio,
y en cada mueca de dolor al constatar que te mueres pero que aún
   te vivo,
y cuando te crujen los huesos y te rompes y caes como una
   marioneta de paja aumentan las ganas de vivirte
pero también el pánico a verte morir en directo,
y me conmueven tus hasta mañana sin drama, como si mañana
   fuera inevitable,
y yo, torpe para moverme, enajenado por la falta de tiempo, te toco
   y pregunto:
¿Todavía no eres ficción ni deseo, verdad?, y te imagino como hace
   mil años,
¿recuerdas?, entonces éramos los dueños de la tierra y el futuro se
   desperdiciaba.

He vivido el tiempo necesario para comprender que cada instante
    es irrepetible,
que nada regresa que no se haya vivido y nada te acompaña si no
    ha sido tuyo,
y por eso busco poner a salvo todo lo que desprendes,
    que nada se pierda.

Te pediría, aunque no depende de ti, prolongar tu vida más allá de
    lo razonable,
que te cuidaras para poder morir lejos, a mucha distancia de
    ahora, sin dejarte ir.
Quisiera verte como te recuerdo y no como te sé: medio viva o
    casi muerta.

Vive mucho M, tanto, que el final sea inesperado, tardío,
    inexplicable, sorprendente,
que lo último no llegue demasiado pronto, que acumule días, que
    nada quede sin intuir,
deja que nos aburramos, que te decepcione, que olvide cuidarte,
    que te ame sin piedad,
y en ese momento, si no hay más remedio, si los médicos no se
    equivocan, puedes morirte.

Diario de ayer
(dos días sin verte)

I

El final de tu vida exhibe con agresividad el no futuro con todo
su deterioro encima,
al abrazarte, al verte moquear inconsciente y casi oculta entre las
ropas de un gigante,
entendí de golpe que tu cuerpo empieza a no ser tuyo,
que comienza a vivir del otro lado,
y que, ya fuera de tu voluntad, se retuerce y disminuye como una
lombriz de tierra al sol.

II

Ayer comprendí también que cada vez que nos vemos trato de distraerte,
y busco, con gestos y palabras, recobrar lo que fuimos en la prehistoria de nosotros:
una caricia con deseo incorporado, poemas que escribí cuando me parecías inhumana,
y también recreo un futuro inmediato, alcanzable a pesar de todo, a pesar de ti misma:
una próxima cita en tu casa, o quizá mejor en mi terraza con vistas a la línea del horizonte.

III

Ayer intenté olvidar, a propósito, por salud mental,
que te mueres,
y empecé a acumular tareas y personas donde te diluyes
y no existes,
y logré distrarme de ti, y abstraerme de mí, pero al anochecer
habías regresado entera.
Entonces el espacio se llenó de no movimiento, se estrechaba,
se volvía claustrofóbico,
y el silencio te imaginó, y crecías imprescindible pero me
ahogabas, y esperé a la luz,
y que no fuese tarde, que nada se hubiera acelerado,
que prosiguiera interminable tu deterioro.

La muerte bajo la luz

¿Cómo se puede resistir el miedo cuando la muerte ha dejado de
    ser una abstracción
íntima, individual, evidente, explícita y, como un sicario,
    te rompe los huesos,
te espera a la salida de todos los días y amenaza cada hora de tu
    vida con su final?

¿Puedes descansar, siquiera un segundo, de la exhibición
    impúdica de tu muerte,
a plena luz de la consciencia, bajo toneladas de piedad,
    sobre todas las despedidas?

¿Alguna vez, si el dolor aprieta, piensas en acelerar la llegada de
    tu última hora
incapaz de soportar la agonía y tu ruina bajo los focos y el
    tiempo sin esperanza?,
o, al contrario, ¿buscas prolongar el maltrecho espacio de vida
    disponible
en un vano intento de volver a vivir todo aquello que valió la
    pena haber vivido?

¿Cómo se muere uno con fecha fija, M?,
    ¿cómo se aprende a dejar de vivir?,
¿son días caóticos y salvajes o te vas dejando las luces apagadas y
    el contador a cero?

¿Qué importa hoy cuando nada importa salvo resistir sin mucho
    dolor hasta el final?,
¿cómo aprendo a dejar que mueras mientras retengo hasta el
    último rastro de ti?,

¿Cómo sacudirme de los labios la lluvia ácida de lo inevitable y
    olvidar que te me vas
y besarte en el portal con hambre, como ayer, como nunca,
    como si hubiera futuro?

Unidad de Cuidados Intensivos, segundo día

Soy un ser casi insignificante en este tumulto humano que
     vela por ti,
y regreso, además, casi a lo último, quizá cuando tarde es ya
     nunca,
un ejemplo más de esa estupidez humana empíricamente
     demostrable
que hace que dos personas compartan la vida cuando nada
     puede perderse
y se abandonan cuando el tiempo de vivir empieza a ser
     escaso e irrepetible.

Y sin embargo, aunque marginal hoy, hace siglos fui el okupa
     de tu espacio
y traigo conmigo, como un conjuro, aquello que entonces era
     nuestra vida;
¿Escuchas el bote del balón por el pasillo de casa?, ¿y mis
     gritos de gooool?,
¿O *Born to Run* en el tocadiscos?, ¿recuerdas tu bigote de
     Freddy Mercury?,
¿Y las tortitas con nata de «Paca Bernarda Alba», la cocinera
     de Jaén?,
¿Te acompañan todavía los veranos de tres meses y los muslos
     de Ana?,
¿Y aquellas noches de terror en la casa del sordo con güija y
     psicofonías?

Nadie conoce nada del comportamiento de la muerte cuando
     va a matar,
¿Es puntual o improvisa?, ¿deja hacer o se impone?, ¿elige o
     dispara a bulto?,

quizá los milagros son solo síntomas del desequilibrio mental
    del Gran Depredador,
yo, porque sí, por esperanza, por desesperación, por tener
    todo lo demás ofrecido, por si acaso,
amontono sobre tu cama del hospital toneladas de días hermosos.

La presunta inconsciencia del moribundo

Dicen los médicos que te has adentrado en la niebla que no deja
     pasar el rastro de la vida,
que allí no llega ni la luz de la infancia ni el recuerdo del futuro
     ni la caricia más sucia,
dicen que nadie regresa de ese estado y que el único sonido es tu
     respiración ahogada,
que la voluntad de vivir, si se manifestase, sería suprimida por
     automatismos de la muerte.

Dicen que eres ya un hombre vegetal, que no conoces,
     no nombras, no sientes, no padeces,
y no les creo a pesar de sus gráficas; nadie puede medir el grosor
     de la soledad en la agonía
y nadie ha analizado con precisión si el miedo se deposita en el
     estómago al saberse morir.

Así que he decidido esta noche hacerte y hacerme compañía con
     las manos, escribiéndote,
porque sé que un día los médicos descubrirán que los sentidos
     se agudizan justo antes de morir,
y que los moribundos son seres humanos muy despiertos y
     atemorizados por El Final,
y que juntáis palabras y gestos y risas e insultos contra el aullido
     irresistible de la muerte.

Me he instalado en esta mesa de casa, solo y junto a ti,
     lejos de murciélagos y cuervos,
sin nadie que pueda importunarme con la desesperanza cruda o
     los recuerdos insolentes,

y te escribo al oído, al corazón, a las tripas, al cerebro y a la
    punta dormida de los pies,
y nos acompañamos ante el vacío, por si te me vas con el
    amanecer, por si me oyes.

Quizá ahora, atrapado en ese lugar que frecuentas, y que es
    como una patria impuesta,
no haya escapatoria ya y no tengas más remedio que dejarte ir
    porque así te lo ordenan,
quizá el Gran Depredador es consciente de que no tiene
    conciencia y te ha asesinado,
o pudiera ser que te cansaste de vivir sin vida que vivir o de
    morirte sin terminar de morir.

En todo caso, compi, si en ese limbo queda la posibilidad de un
    relámpago de determinación,
de un gesto de poder sobre las sombras, si alcanzas a pensarte
    con un mínimo de libertad,
si no todo está dicho, si no todo es imperativo, si nada es
    inevitable, si algo depende de ti,
si hay margen para el soborno o la paciencia infinita,
    si el miedo te penetra como un violador,
si la presencia de Dios no reconforta, si Dios no existe,
    si hueles a nada, si has comprendido todo,
si todavía, quizá, a lo mejor, tal vez o es posible son palabras
    vivas, si entiendes, si te alcanzan,
regresa, compi, regresa, o al menos déjame unos días más en
    compañía de la esperanza ciega.

La muerte de un inmortal

La memoria es hoy una amenaza y quisiera no haber sido nunca
     parte de ninguna vida,
los recuerdos son escombros que la muerte te echa encima,
     como en un desprendimiento,
agua pantanosa que te ahoga en tristeza y en desesperanza
     y te nutre de soledad auténtica.

Ahora, pasados unos días desde entonces, empiezas a asumir que
     morirse es haber muerto,
porque la ausencia, como una neblina de humo de fábrica,
     se ha extendido por tu vida
y los objetos y las horas y los instantes compartidos están,
     como moscas, por todas partes,
y te cuesta desprenderte de los ritos funerarios y de este olor
     neutro a tanatorio de autopista.

Y en el fondo te asusta tanto empezar a olvidar como someterte
     al asalto de lo que recuerdas,
no querrías perder ni un gramo de vida juntos pero la ausencia
     tiene el poder de un déspota,
¿Pesan tanto los muertos o sólo los primeros días?, ¿te
     acompañan siempre o te dejan en paz?
Quizá los muertos sólo acuden cuando planteas las preguntas
     absurdas sobre el sentido de tu vida.

Murió uno de los que nunca deben morir o al menos de los que
     deben morir después de uno,
alguien que se lleva hacia ninguna parte conocida la luz y el
     asombro de tus mejores días,

busco amparo en la intensidad de este dolor y en esta furia
   animal que incendia cada letra,
quiero lejos de mí la nostalgia, la ternura y todos esos recuerdos
   inofensivos, placenteros,
¡*stop*!, aquí, hoy, alguien o algo ejerció el poder de hacer morir a
   quien debería seguir vivo,
busco al matarife de uno de los escasos seres inmortales que
   habitaban este lado del polvo.

(He encontrado algo de consuelo en la rabia que me hizo
   romper el vidrio de la mesa).

Un día excepcional de agosto

Hoy podría haber sido un día normal si no hubiese tomado el
    metro al cementerio,
allí M se volvía ceniza mientras yo nos pensaba desnudos aquella
    primera vez,
hoy no habría ocurrido si ayer no hubiese sido tan rápido,
    tan voraz, tan hijo de puta,
hoy debería ser como anteayer y como casi siempre:
    un día del montón de los días.

Pero es trece de agosto, y este día es ya irrepetible, único,
    número fijo, identidad,
cada hora se instala en ti, sobre tu bilis, sin que tus ojos se
    aparten de tus tripas,
nada más existe, nada fuera te conmueve o te distrae,
    todo es dentro y ella es todo,
y allí, donde profundo, M coquetea traviesa con su pelo,
    como si tuviera bigote,
subraya a Proust en el sofá, baila de rojo con tacones y se
    despierta por las pesadillas.

Porque hoy terminaron de quemarse las caricias pero no el
    recuerdo de ser acariciado,
hoy se desintegró el futuro pero sigue completa toda la vida que
    quedó detrás, contigo,
a partir de hoy nada se renueva pero nada se pierde,
    nada se arriesga, nada se exilia,
lo que hubo te pertenece para siempre y hasta aquello que nunca
    fue te acompaña.

Aun así no hay consuelo posible, el no futuro pesa,
   y la no repetición, y la ausencia,
nada amortigua la ansiedad, nada parece aliviarte,
   y el insomnio produce monstruos,
pero al final de este día la primera luz del amanecer se posa en el
   estómago,
y descubres que lo mejor se amontona a este lado de la muerte,
   que recuerdas,
y que todo empezó aquel día de agosto clandestinamente juntos
   en la cama de mis padres,
y todo termina, treinta años después, con su última respiración
   consciente en mi nuca.

Eres ya, siempre, habitante de su vida y huérfano para el resto de
   tu existencia.

Reivindicación de los fantasmas

Quizá no termines de morirte nunca, quizá nunca abandones
    esta parte de la vida
si aguantas el acoso del tiempo y el olvido cobijada entre las
    cosas que te pertenecieron,
tal vez no mueras si te resucito en las fotografías imprescindibles
    y los libros subrayados,
en las baratijas y el champú, en el cargador del móvil y en el
    billete de un viaje a Roma.

Quizá no te vayas si te adueñas para siempre del espacio propio
    que ocupaste en vida,
o, quién sabe, tal vez creas que el destino llegó demasiado
    pronto, que erró contigo,
el caso es que estás aquí, instalándote, *outsider*, dicen que
    muerta, entre los vivos:
mi teléfono se dispara solo y marca sin respuesta tu número en
    horas hostiles,
siento el peso ligero de un cuerpo invisible entre mis pies al
    meterme en la cama
y ni el perro ocupa tu sitio en la mecedora de la terraza donde te
    sentabas a fumar.

Quizá la muerte permite la resurrección tímida y automática de
    aquéllos que amamos,
o todo se explica por la imaginación y la fuerza de la ausencia,
    o por desequilibrio,
tal vez tu presencia intuida entre las horas no sea más que un
    espejismo de la esperanza,
o la deformación de este dolor, o simplemente una reacción
    lógica de supervivencia.

Y todo lo que sé o que imagino hace que sigas aquí aunque te
 hayan quemado,
y resulta obvio que aún no asumo que acabó para siempre tu
 agonía y nuestra vida,
pero estás más viva que muerta, lo noto, y por eso rechazo la
 nostalgia impertinente,
y las palabras consuelo, y los trámites de enterrador, y las
 lágrimas dignas de tus padres,
y, aunque no lo diga a nadie, reconozco en mis manos tu olor,
 que sigue aquí, indisoluble.

Lo que me queda de ti

Eras el espacio dónde regresaba, el único ser siempre abierto y
    encendido.
Nada en ti fue nunca arbitrario o ajeno, nada difícil,
    incómodo o sorprendente,
iguales a nosotros mismos siempre volvíamos para
    reencontrarnos idénticos,
como si no hubiéramos salido de la primera mirada,
    inmóviles donde fuimos,
sin después y sin promesas, sin olvido ni despedida,
    sin novedad y sin mañana,
siempre hoy o siempre recuerdo nunca logramos instalarnos
    juntos en el porvenir.

Y es que al morir te has llevado a ninguna parte accesible el sitio
    de mi regreso,
y desmantelada nuestra vida me tienta acudir a la ficción de
    recordar y recordar,
como si recreándote te hiciese el boca a boca y te resucitara de tu
    propia muerte,
pero los objetos que heredé no me sirven, son seres inertes,
    un museo a la deriva,
petrificados como los recuerdos, y en cada foto,
    al evocarte entre palabras, ahora,
sólo la imaginación es capaz de traerte de vuelta:
    ya eres nada o inalcanzable.

Lo que queda es demasiado futuro por delante y el vacío de tu
    muerte sobre mí,
lo demás no importa: quizá sólo haber llegado puntual a tu
    agonía y tarde a tu vida.

Cuaderno desvergonzado número 4
LOS DÍAS CONMIGO EN EL BALNEARIO

I

Me he traído al balneario el equipaje imprescindible para estar solo: el libro *Sale el espectro* de Philip Roth, los poemas escritos –y todavía por corregir– con Polonia en el estómago, y la agonía y muerte de V y M aún muy recientes.

No sé muy bien por qué metí este libro en la bolsa pero quizá fue debido a que Roth era uno de los autores preferidos de M. Su hermana, una vez muerta, me pidió que pasase por su casa de Desengaño para llevarme, si quería, algunos libros de la biblioteca. Y éste lo seleccioné porque el propio libro me invitó a echarle un vistazo cuando recorría esa casa llena de gente que parecía ir de un lado a otro, como en un mercadillo, desconcertada, sin saber qué elegir. Al ver sus páginas abiertas sobre el brazo del sofá de orejas en el que M solía hacer su vida por las mañanas, pensé, que quizá, fue el último libro que leyó antes de que dejara de valerse por sí misma y la llevasen a morir a casa de sus padres. En la última página aparecía escrita a lápiz su letra clara, redonda y diminuta comentando párrafos y sugiriendo interpretaciones de las palabras de Philip Roth. El título, además, recordaba a un manual de autoayuda contra la obsesión de la muerte.

De hecho, ahora me doy cuenta, utilicé dos criterios para elegir qué libros de M me llevaría a casa; que contuvieran anotaciones suyas, es decir un rastro de su vida activa, y fueran de sus autores favoritos. Me traje, por lo tanto, la profundidad delirante de Clarice Lispector, los diarios de Tolstói, los poemas-grito de Bukowski y la filosofía descarnada de Nietzsche, entre otros. Al balneario, además de la novela de Philip Roth, me vine con otros cachivaches de M: un cenicero de barro de colores (con colillas dentro estuve a punto de guardarlas en una bolsita y llevármelas también pero me avergonzó mi fetichismo), borlas azules y rojas de adorno para pomos de puertas y ventanas, y un despertador gigante de sonido tímido. Los ojos de la limpiadora, esta mañana, echaban humo cuando descubrió el altar de cosas de M sobre la mesa camilla de la habitación pero no dijo una palabra.

En el último mes murió M y Polonia se fue una vez más, creo que para siempre, y he vivido esta coincidencia ocupado con actividades diversas que me alejaran, siquiera un instante, de esta tristeza invasiva que amenaza con instalarse por mucho tiempo en mi vida. He aumentado las horas de trabajo, llamado a amigos para salir juntos al cine un par de veces por semana, y, sobre todo, mi hija, con todas sus hormonas, como una bendición, lleva tiempo instalada en casa. Esta actividad frenética no acalla del todo la desgana de vivir pero algunas veces alivia la densidad y la lentitud de los días. Los fines de semana, cuando el tiempo se llena de espacio disponible, y también a las doce de la noche, cuando ya nada te distrae y me doy cuenta de que ésa era la hora maldita en la que Polonia y yo nos comunicábamos, a 12 000 kilómetros de distancia, la presencia de la tristeza es muy jodida. En este contexto, es la primera vez en varios años que me he ido solo de vacaciones. Quizá no fue una buena decisión.

II

Philip Roth, en este día en que lo leo, comunica al mundo que ha decidido abandonar la escritura. Joder, espero no ser gafe. Empezaba a encariñarme con Zuckerman, ese personaje suyo, viejo irritado e irritante que tiene conciencia de su extinción y, a punto de morir, hace lo que nunca hizo en su vida: improvisar. ¿Cuándo decide uno jubilarse de pensar o, más bien, de publicar lo que uno piensa? ¿Será el escritor como un cirujano que, de repente, ya viejo, se da cuenta de que sus manos son lentas y torpes de movimiento y puede matar a alguien en la mesa de operaciones? ¿Ocurrirá que Philip Roth, después de escribir treinta y un libros, comete errores gramaticales y de puntuación o simplemente es incapaz ya de hilar un relato con cierto criterio?

Yo, sin embargo, vivo el sarampión de la escritura, aunque clandestinamente. Escribo y corrijo y escribo por la urgencia de expulsar de mí las palabras más tristes y enfrentarme a la desesperanza más rocosa. Eso sí, a diferencia de Roth, sólo me han leído tres personas; mi tía Teresa, Polonia y M. De hecho, M fue la destinataria, como decía en otro cuaderno de notas, de mi primer vómito literario y literal. Nadie más ha leído nada o sabe nada de esta vida mía de escritor.

M leyó los primeros veinte poemas de este libro antes de morir pero le mentí, sin remordimientos ni dudas, sobre la intensidad de lo escrito. Todo había ocurrido hace mucho tiempo, le dije, nada significa nada hoy, le dije. Quise que sintiera que ella ocupaba el centro de mi existencia mientras iba perdiendo la vida. Soy un mentiroso convincente. Leyó los poemas con lupa y lámpara, con esfuerzo, mientras se iba quedando ciega. Le gustaron, son agua, me dijo, fluyen bien las palabras. Después, no pudo leer ni una línea más de ningún texto. Yo tampoco me atreví a que leyera, ni le leí, los poemas en los cuales describía su deterioro y su muerte. Nada supo de la Unidad de Cuidados Intensivos. A veces recitaba en voz alta, para ella, eso sí, los poemas de Emily Dickinson.

Polonia ha ido leyendo todos los poemas según los he ido escribiendo. Combina admirablemente una doble condición: buena lectora y musa extravagante y, además, puede disociar una de otra con facilidad. Es una especialista en encontrar la palabra impostada, la frase que no lleva a ninguna parte, y casi siempre atina. Aprendí, con ella, que un texto escrito vale lo que avergüenza, enrabieta o conmueve, y todo lo demás sobra y distrae.

Como inspiración, por supuesto, Polonia no tiene precio aunque me arrepiento de escribir de ella de manera casi frívola: fue violada, tiene una madre evangélica que realiza exorcismos y almacena demonios en frascos de formol, ha trabajado desde que tenía trece años, y busca y busca un espacio tibio donde vivir, bien cambiando de vida o matándose. No puedo separarme emocionalmente de Polonia pero ya no parece interesada ni en mí ni en el libro, y la salida de las mujeres de mi vida no sólo ya es tradición sino que parece más bien destino. Ayer le mandé un correo electrónico describiendo este lugar, quizá como una forma de seguir compartiendo la vida sin darse cuenta que la compartimos, pero ni me ha contestado.

El tiempo de vacaciones transcurre por lecturas, correcciones, pensamientos, y paseos en albornoz, entre masaje y masaje, por el jardín del balneario. El lago verde está cubierto de libélulas equilibristas.

III

Hoy he comprobado que, aunque sigo siendo un poeta clandestino, una fuerza incontenible me empuja hacia la luz. Hace unos días, en el comedor del balneario, encontré a una pareja de argentinos viejos, conocidos de refilón, y a la segunda comida juntos les he contado, sin preámbulos, sin motivo y sin vergüenza, que escribo cuando la noche es ya madrugada.

Ellos me conocen situado en otra parte de mi vida, la más tradicional, y se han topado conmigo, ahora, cuando habito mi parte más sombría e insegura. Además, provoca curiosidad que alguien como yo, con cincuenta años bien cumplidos, y que superó hace mucho tiempo la adolescencia, ese espacio natural para ser poeta, siga escribiendo versos, una actividad casi excepcional de último mohicano. ¿Qué te hace escribirlos?, ¿es una actividad más íntima que escribir novelas, verdad?, ¿piensas publicarlos? Y así sucesivamente.

Me gustaría parecerme a estos dos argentinos cuando tenga su edad: inteligentes, cálidos en el trato, buenos conversadores, profesionales jubilados de una profesión que amaban –la psiquiatría– y, además, con buena salud, autonomía de movimientos y curiosidad. A la tercera conversación ya leía párrafos enteros de mis poemas y, con confianza inédita, les relaté en detalle la muerte y agonía de M y las extravagancias de mi musa. El único sobresalto que trajo su compañía es su voz: el acento platense y, con él, la nostalgia de Polonia.

Conversando con ellos descubrí lo que era evidente y que quizá había pasado alguna vez por mi cabeza sin que yo lo asimilase como debía: ¿Y no será que Polonia está enferma y que su comportamiento no es más que un síntoma de desequilibrio mental? Su irracionalidad y su simultánea capacidad de análisis, su intensidad amorosa y su desgana vital, su tendencia a aparecer y desaparecer, su fuerza innata y su coraje y, al minuto siguiente, su rendición incondicional... ¿No serán señales, en realidad, de entrada y salida de la depresión? Soy un idealista o un romántico y en cualquier caso un estúpido: llamo extravagancia a lo que es una vida invivible.

La echo de menos. Mis argentinos me dicen que es normal que en esta pugna de ausencias me falte más Polonia que M. Al fin y al cabo, ella está al alcance de la mano y la sola posibilidad de contacto genera en mí lo que se llama, en lenguaje médico, «la presencia obsesiva de la esperanza». En el caso de M todo es más sencillo: el duelo podrá con el dolor. Y sobre la inquietante presencia de M en mi cama –mis almuerzos con estos dos argentinos son más una terapia que una conversación– me dicen que no me preocupe, parece ser un automatismo inconsciente muy común tras la desaparición de un ser querido que irá disipándose con el paso del tiempo.

Anteayer terminé de corregir los versos de la etapa de Polonia –quizá volver y volver sobre estas palabras alimenta la esperanza– y he seguido después –me reconozco cierto coraje– corrigiendo los poemas del deterioro y la muerte de M. Todos ellos escritos hace poco tiempo; el último hace unos diez días y el primero hace seis meses. Qué rápido ocurrió eso de morirse.

He pensado algunas veces que esta exploración interior se traslada a mis ojos y hace que la mirada sea diferente ahora. Me ocurrió tras la desaparición de V; de repente empecé a fijarme más en niños jugando y me di cuenta de que mi barrio estaba lleno de parques infantiles. Según mis argentinos esto se debe a que mi mejor vida junto a V tuvo lugar durante la infancia.

Ahora esa conexión entre la vida interior y el mundo exterior se ha dado de nuevo. A la entrada del jardín, en lo que llaman el casino, fuera de la rutina diaria de empleados y clientes pero abierta al público, está esa habitación. La encontré mientras buscaba aliviarme en los baños. Es la única sala con las persianas echadas. Sin luz exterior y un hilo de luz eléctrica, apenas se podía entrever una mesa de billar con las bolas más descoloridas del mundo y, si te acercabas, el tapete agrietado por los errores de cientos de jugadores inexpertos. Separada por apenas un metro y medio de distancia, se extendía otra mesa, esta vez de *ping-pong*, sin raquetas ni red, con la superficie verde y descascarillada, y un poco más allá, pegadas a la pared, amontonadas, mesas y sillas plegables, de cuando se necesitaban para sentar a todos los clientes que, de improviso, venían a comer o a tomar los baños.

Esta habitación es una amenaza, todavía imperceptible, a la prosperidad del balneario, quizá el inicio de su desaparición bajo la voraz crisis económica. Un negocio empieza a morir cuando poco a poco reduce espacio y servicios hasta que un día no es ya un lugar atractivo para clientes y no llega nadie, o nadie paga, y el negocio muere y desaparece. No he podido evitar pensar en M. Hubo un tiempo en el que, seguro, esta habitación resplandecía llena de jóvenes que hacían deporte en pandilla. Hoy, sin nada que lo explique, sigue abierta al público, deteriorándose a la vista de todos, como M, y, como ella, fue también hermosa a rabiar y estaba muy viva. Mañana vuelvo a Madrid.

Poemas vagos de la muerte

I

Reconforta saber que una vez muerta y quemada no has dejado
de existir ni un segundo.

II

La muerte de aquellos que acompañé y me acompañaron en
vida desfigura el más allá
hasta hacerlo un lugar acogedor y asequible y habitado por seres
inmutables e inmortales.

III

Tras la muerte nunca llega pronto el olvido necesario,
sólo el dolor y la ausencia y el silencio son evidentes
y la soledad, el territorio donde M juega a no morirse.

IV

Después de morirte los recuerdos no alivian: son delatores de
ausencia y desamparo
e iluminan con desvergüenza todo aquello que nunca más será
posible que ocurra.

V

Al morir M quedaron en el limbo de Dios, sin regeneración
posible,
fuera de todo movimiento, algunos de los instantes decisivos
de mi vida.
Quizá la muerte consiste en la imposibilidad física del
recuerdo compartido
y el olvido llega cuando eres ya el último habitante de tu
memoria.

Encuentro inesperado

Sólo me conmueve ya al verte todo aquello que nunca creí
    poseer
—el salvajismo de tus movimientos vaginales y tu indiferencia
    ante la vida—
todo lo demás fue mío o nunca lo podré tener porque nunca te
    poseyó.

Nadie más que vos y yo sobrevivimos a este lado de las páginas
    escritas,
todo lo demás —ciudad vieja, agosto, el sexo, el mar y Madrid en
    llamas—
murió, es olvido o será desfigurado por la vida ajena dentro de
    un tiempo.

Me he travestido tanto para no perderte y sin embargo tanto te
    he perdido
que sólo me queda dentro tu resumen más injusto; miedo a que
    te mates
y la nostalgia de lo que me cuentas un día fue mi cuerpo en tus
    manos.

Ahora que llegan desde el interior inexplorado los restos de la
    basura,
ahora que no alcanzamos a describirnos más allá de las palabras
    tóxicas,
ahora que te posee la determinación de lo irreparable y de lo
    auténtico,
quizá pueda despedirme de ti aunque sé hace meses que te has
    ido.

Cuaderno desvergonzado número 5
LO ÚLTIMO QUE NUNCA FUE EL FINAL

Cuando todo se rompió una vez más después de ser animales y antropófagos y locos, ese instante justo no llegó el vacío, no, sino algo más. Fue extraño ese último día aunque todo empezara como siempre; atardeciendo y con vino en un local del Madrid antiguo –¿o quizá fue en el Montevideo viejo?–. Es verdad que habíamos dado cuenta de dos botellas y apenas comido nada pero, aun así, nadie podía imaginar que esa noche Polonia iba a desencadenar una serie de actos irracionales y surrealistas derivados, creo yo, de la combinación de alcohol, tristeza áspera, desamparo descomunal, y ahora lo sé, una enfermedad incontrolable.

En un bar, fuera de sí, tras una breve conversación sobre el miedo y su capacidad paralizante, se abrió la camisa y enseñó las tetas subida a la mesa. Una vez logré que no nos echaran del local, regresamos a su infancia y me pidió, como exigía a su ex marido, ser su padre mientras lloraba entre convulsiones provocadas por una soledad muy antigua. Esa noche también me mordió los labios con tanta suciedad como en aquellos tiempos del principio de nosotros y, finalmente, en un gesto de enfado hacia mí o hacia sí misma, ebria, se escapó corriendo hacia ninguna parte, triste como una actriz al amanecer, sin dormir y tras fracasar en escena, con el rímel corrido y la conciencia de vivir extraviada.

Cuando la encontré sentada en la acera, se vino a casa y acabamos en el sofá, uno sobre la otra y la otra sobre uno. Inmediatamente después del orgasmo se largó para siempre, o así de irremediable me pareció entonces a mí. Días más tarde regresó a Montevideo y días después de días de silencio le mandé una carta breve, a propósito escrita con humor y ternura, en la que deseaba que fuera lo más feliz posible y le decía que continuaba queriéndola y afirmaba mi disponibilidad a seguir teniendo «raticos» de vida con ella. Ni acuse de recibo.

En un principio, no lo niego, ese corte abrupto, tras una fugaz noche de regreso a nuestros primeros instantes, me rindió. Había vuelto la percepción de la vida inevitable y la vida invencible pero, con la ida y venida de los días, me he dado cuenta también de que el tiempo de una vida juntos, si había existido alguna vez esa remota posibilidad, era ahora sólo deseo e imaginación y, quizá, obstinación. Lo que no sospechaba entonces era que el propio tiempo de vivir de Polonia estaba en riesgo.

¿Habéis escuchado la voz de un suicida en el momento de matarse? Yo no la olvido. No puedo. Ha quedado dentro, inmortal, como la respiración. Es una voz que se arrastra desde la dejadez más íntima y sin querer salir al exterior. Es voz sin entonación, sin emoción, casi sin palabras, una voz funcionarial que no tranquiliza, un sonido monótono en el que el abandono de todo rastro de esperanza resulta evidente, una voz con más silencio e inconsciencia que palabra, cada segundo con menos voz y más distancia.

¿Habéis sido el último ser vivo en el último minuto de un suicida?, ¿habéis vivido en directo el apremio de la muerte impaciente?, ¿habéis pasado tiempo intentando convencer a alguien de no matarse sabiendo que no puede empezar una vida distinta en esta vida? Yo lo he hecho, salvar a toda costa, contra su decisión, a aquél que nos quiere dejar antes del tiempo natural de morir. Nada importa, sólo adelantarse al tiempo irreversible y que vomite, por Dios, y que la ambulancia no tarde en llegar, y que la señora de la limpieza responda al teléfono y encuentre rápido las llaves en el bolso y abra la puerta de su casa. Y adivinas o inventas, para tu tranquilidad, que si habla contigo es que en el fondo de su estómago, junto a las pastillas, decenas de pastillas, se esconde el arrepentimiento, y las ganas de vivir todavía un tiempo más, y esperas también que el miedo a la muerte sea más fuerte que el miedo a la vida.

Y crees percibir, entre la masa deforme de palabras sin contorno, entre las palabras más absurdas jamás dichas, la contradicción irresoluble entre no vivir más y pelear por seguir existiendo, entre desear la muerte y la esperanza de que los médicos lleguen a tiempo y no continuar muriendo.

Hablaba y hablaba yo a su oído y me acordé de esa testigo de un suicidio que, hace unos años, fue entrevistada por televisión. Probablemente la periodista esperaba de ella un relato pormenorizado, ligeramente sangriento, del salto a ninguna parte del chico desde la terraza. Sin embargo, al ser preguntada por lo que había visto, esta chica adolescente quedó en silencio unos segundos que, en directo y en televisión, fueron una eternidad, y al regresar de sí misma dijo que lo que nunca olvidaría fue que el chico, una décima de segundo después de saltar, extendió los brazos para agarrarse a la barandilla y no morir, pero no fue posible rectificar ya, y cayó y cayó al vacío con el peso añadido del arrepentimiento y el pánico entre los ojos.

Y yo era la barandilla ahora, hasta que la línea telefónica se llena de ruido, como si el desorden de la vida se colara por el aparato receptor, y alguien con tono de voz de estar a cargo de la situación y tomar decisiones te dice que gracias, que ellos se ocupan, que han llegado a tiempo, y asumes, aliviado, que el suicida ha dejado de tener control sobre su vida y sobre su muerte. Ha pasado de tomar la única decisión importante que se puede tomar en vida, la de morir, a ser un loco sin capacidad de usar su libre albedrío, porque ¿quién, en su sano juicio, se mata?

No, no he podido olvidar la voz de Polonia en el instante mismo del suicidio o del hartazgo por no poder dormir. Porque tal vez la decisión de matarse no fue tal, sino que tomó las pastillas, decenas de pastillas, para poder dormir un poco, siquiera unas horas que le permitiesen recobrar la energía suficiente para enfrentar un día más de vida. Y recobro la voz de mi interior buscando pistas de su intención «estoy...... mal, Esteban...... mal.», «tomé...... mu......

chas...... pastillas», «no...... no...... llames...... a...... x que...... está......
tra......ba......jan......do......, no...... la molessstessss», y el silencio des-
pués de cada palabra, de cada sílaba, un silencio amenazador, un
esbozo de silencio definitivo, y esa soledad desértica que traían las
palabras y el silencio.

Y había mucha soledad, toneladas de soledad, esa mañana de
agosto en que la llamé por teléfono a su casa tras varios meses sin
saber nada de ella, desde esa noche extravagante en Madrid. Lo
que quería ser una llamada de tanteo, de retomar el contacto por
la acción irresistible de la nostalgia, la salvó de la contradicción de
querer morir sin la voluntad necesaria para hacerlo, y la condenó
a seguir viviendo.

Ya no puedo abandonarla. De repente la presencia abruma-
dora de la muerte y de la locura, por segunda vez en mi vida con
Polonia, arrinconó de golpe el impulso sexual y amoroso y lo hizo
irrelevante. ¿Habéis follado con alguien que no quiere vivir? ¿se
puede desear, siquiera un segundo, a quién no quiere vivir?

Chau inmóvil

Eres el único habitante instalado en lo mítico, la vida que tuve
    y la adicción sin remedio,
nadie más que tú es allí donde se concentra lo excesivo,
    lo absurdo, la nada y lo hermoso.
Todo pareciera hoy al alcance y todo es, a la vez, inalcanzable
    y todo ya mío para siempre,
nadie allí donde nada existe es nada excepto tú; inmortal en la
    imaginación y los recuerdos,
escéptica convencida de la imposibilidad de un territorio
    mínimo feliz a este lado de la vida.

Por ocupar todas las fronteras, por negarte a existir y existir,
    por ser sueño y ser vivo,
eres ya no movimiento; incapaz de morirte de verdad
    o de venirte de verdad a vivir.

Índice